全景式学习模式
——园本教研能力提升实践新探索

何黎明 著

ZHEJIANG UNIVERSITY PRESS
浙江大学出版社

图书在版编目(CIP)数据

全景式学习模式：园本教研能力提升实践新探索/何黎明著.—杭州：浙江大学出版社，2017.12(2022.12重印)

ISBN 978-7-308-17829-7

Ⅰ.①全… Ⅱ.①何… Ⅲ.①学前教育—教学研究

Ⅳ.①G612

中国版本图书馆 CIP 数据核字（2018）第 008165 号

全景式学习模式：园本教研能力提升实践新探索

何黎明　著

责任编辑	平　静　吴美红
责任校对	杨利军　边望之
封面设计	周　灵
出版发行	浙江大学出版社
	（杭州市天目山路 148 号　邮政编码 310007）
	（网址：http://www.zjupress.com）
排　版	杭州林智广告有限公司
印　刷	浙江新华数码印务有限公司
开　本	787mm×1092mm　1/16
印　张	9.5
字　数	184 千
版 印 次	2017 年 12 月第 1 版　2022 年 12 月第 3 次印刷
书　号	ISBN 978-7-308-17829-7
定　价	48.00 元

"转身"中的"转型"

园本教研是促进教师成长、提高教师专业化水平的主要途径,对打造学习共同体、建设幼儿园学习型文化有着重要意义。因此在园本教研背景下,教研活动应实现三个"转身":教研主体——教师的角色需要"转身",从"教育的专家"转向"学习的专家";在教研制度、教研内容、教研形式上需要"转身",引导教师从"形式参与"走向"人际参与",教研形式从原来的"念本本"转向"研讨互动";教研管理应该"转身",无论是管理职能还是组织方式、组织文化等方面,都需要从原来的"教育监督"转向"引导服务"。

教研活动的"转身",同样需要承担教研活动的教研组和教研组长(包括业务园长和教研组长)的"转型",特别是教研活动的组织者——教研组长,需要通过"转型"来承担相应的任务,重构教研,让教研活动成为教师成长的助推剂,为幼儿园打造"学习共同体"服务。教研组设置已经有60多年的历史了,但是对教研组和教研组长所需要的能力和品质缺少相应的研究。现在虽然比较重视对教研组长园本教研能力的研训,但现行研训内容"认知为主、远离现场、分块设计、彼此剥离",研训形式"讲授为主、被动接受"等,对提升教研组长园本教研能力的成效比较有限,会影响教研组长的"转型"。

基于以上认识,《全景式学习模式:园本教研能力提升实践新探索》结合园本教研的特点、要求、指向,根据教师学习和成长的规律、特点,从建立"学习型共同体"愿景出发,提出了通过"全景式学习模式"提高教研组长园本教研能力,提高教研成效,推动教师专业成长的观点。本书的编写结构如下:

第一章和第二章主要是探讨"全景式学习模式:园本教研能力提升实践新探索"的概念、背景、意义和理论依据。

第三章和第四章追问和探求园本教研背景下教研组长的角色要求、需要的特殊能力,进一步说明开展"全景式学习模式"对教研组长园本教研能力提升的重要性、迫切性和适切性。

第五章到第九章从文化创生、模式构建、策略运用、方法推进、平台搭建角度解析了"全景式学习模式"提升园本教研能力的具体实践。

第十章从提高研训成效的角度,重点关注培训者在培训过程中如何运用培训技术手段(如重在梳理,呈现"思路"的"板书"技术的运用;有激发个人思考,促进"头脑风暴"的"小纸条"技术的运用;有体现"田野"凸显"重要片段"的"案例"技术的运用)。

通过"全景式学习模式"提升教研组长的园本教研能力的实践探索是园本教研活动"转身"中的一次"转型"研究,是建立在大量已有的对教师教育研究的基础上的。在不断变革的时代,希望能抛砖引玉,在众多的"转身"中有更多的"转型"。

《全景式学习模式:园本教研能力提升实践新探索》凝聚了作者10多年来的实践和思考。感谢浙江大学幼教服务中心领导和老师们给予我一片广阔的实践天地、满满的关心和支持,良好的学术氛围让我沉浸其中,醉心研究。感谢浙江省教育厅教研室虞莉莉老师引领我走进园本研修领域,让我触摸园本研修的真谛和美妙。感谢我的硕士生导师刘华教授的宝贵意见和悉心指导,让我逐步养成了"用理论来审视教育现场、指导教育现场"的习惯,感受理论与实践的紧密连接感。感谢浙江大学出版社葛玉丹老师、平静老师和吴美红老师在出版过程中的支持和帮助。对在本书出版中给予帮助的亲朋好友,一并表示感谢。

由于作者水平有限,书中难免存在不当之处,恳请读者批评指正。

何黎明

目 录

CONTENTS

第1章

导　言

以往的教研组长①，更多的是经行政任命后直接上岗，开展教研活动，没有纳入有序规范的岗位管理系统中去，缺少参与"如何开展教研活动"等为主题的专门培训，即教研组长是"自然生成"的。但是，大量的实例表明，教研组长的"自然生成"已不能适应教育改革的需要，他们需要进行专门的培训。

1.1　研究背景和意义

1.1.1　"新气象"需要"新形象"

随着《幼儿园教育指导纲要（试行）》和《3～6 岁儿童学习与发展指南》的进一步推进，教育教学工作的"重心下移"，催生和建立了新型的教研活动的理念和形式——"园本教研"，这种"基于幼儿园、在幼儿园、为了幼儿园"的教研方式，使教研摒弃了"贵族气"，从精英走向了平民，即教研主体和主题发生了转变，由传统高校幼教专家为主体从事的研究活动转为由幼儿园一线教师为主体，研究主题不是从假设出发，而是从幼儿园工作的实际问题出发，强调了"教师为园本教研的主体和主人"。教研文化模式从单一、僵化、封闭的文化模式走向了合作、对话与探究的教研文化，正如学者刘占兰指出"理想的园本教研方式不是教师各自为战或孤军作战，而是群体合作研究"，"改造和重建教研组成员的日常生存方式和生存状态成为教研活动的核心目标"②，可以说这是一种全新的教研活动理念，成了幼儿园教研"新气象"。从笔者的调查看，教师们认为常规的教研活动对教师的影响非常有限，他们喜欢策略性地解决问题的教研活动，如外出参观、同事间的讨论、专业人员的指导等，这说明，教研活动的指导性、基于问题的讨论等成了教研的主题。

---

　　①　这里的教研组长指教研活动的组织者，如业务园长、年级教研组长等，又称"教研主持人"，本文统一用"教研组长"这一名称。

　　②　李政涛：《什么是"教研组文化"？》，《上海教育科研》2006 年第 7 期。

教研组长作为教研活动的灵魂人物,教研方式、对象、目标的变化,对教研组长的角色以及教研组长本身适应和胜任这一岗位的职责提出了新的课题和要求,需要建立教研组长的"新形象"与之相适应:如教研组长一改以往教研活动内容,从单纯的"上情下达"到"专业引领",教研参与主体从教研组长一人发言的"个别走"到教师共同参与的"群体走",研修重点从"文本传递"到"行动为本"等教研特点,即需要为实现教研文化模式的转型服务,打造"一个充满民主气氛、洋溢自主精神和体现务实作风的学习型组织和实践共同体"①,努力提升教师的在园生活质量,推进教师的专业成长。

1.1.2 "原生态"需要"新塑造"

教研组长是教研组的核心,是教研活动的关键人物。幼儿园的教育教学活动需要教研组的进一步落实,特别是对众多幼儿园来讲,有的业务园长兼任园长,会分散精力,更需要教研组长分担教研工作。作者对 7 所幼儿园开展的《园本教研背景下教研活动现状调查》(教师卷、教研组长和业务园长卷)显示:"年级教研"成了幼儿园主要的教研形式,占 93.8%;5 年教龄的教研组长占教研组长总人数 77.3%。可以说,目前教师和教研组长呈现年轻化的趋势,他们都需要能真正促进教师成长的教研活动。但实际调查发现教研活动存在以下问题:

(1) 教研目标的"迷失"。园本教研的最终目的是推动教师的专业成长,推动学习型组织的建设,最终促进幼儿的发展。但是许多教研组长却把一切有关幼儿园的事务性活动纳入了园本教研,使得教研活动出现"支离破碎""大杂烩"的现象;有的教研组长认为教研活动是"积聚经典",创新几节课;还有的教研组长把教研活动当作一项任务,教研组长只是完成"常规项目"。"目前很多幼儿园仍然把园本教研仅仅看成业务学习或集体备课,教研形式单一,教研活动只关注教学,忽略了一日生活、师幼互动、班级管理和幼儿发展等关键性的问题。"②这些对教研内涵把握不准,导致教研目标"迷失"的举动,造成教研活动的短期行为和形式主义,效率低下。

(2) "研"性的"丢失"。教研需要教师们用研究的眼光和意识探讨日常教育教学中的事情,"研"成为教研活动最本质的也是最基本的要求。但是在教研活动中,教研组长更多的是"例行公事",做一些事务性的工作,如讨论这段时间要做的工作和设想,上情下达,布置上一级下达的工作;在两小时的教研活动时间里有近 1 小时开展事务性活动;有的虽然在带领教师们学习,但"阅读式"多于"讨论式",更多的往往是"读"文章,然后请教师们根据自己的经验谈谈体会,至于教师们对文章的理解到了什么程度,如何和教师们日常的教育教学工作进行联系,讨论是否真正引发教师们的思考等问题都缺少相应的考虑,也没有形成研究的习惯去审视和质疑日常工作。教研研讨活动中,教研组长更多是以"检查官"角色

---

① 李政涛:《什么是"教研组文化"?》,《上海教育科研》2006 年第 7 期。
② 董旭花:《谈园本教研主持人的角色定位和素质要求》,《幼儿教育》(教育科学版)2009 年第 Z6 期。

出现,"检查完了教研活动也就结束了",缺少对活动进行深入反思和研讨。

(3) 教师主体的"流失"。虽然教研组长认识到教师是园本教研的主人,但是教研活动并没有真正使带班的教师产生兴趣。《北京市幼儿园教研工作的现状调查及问题探析》[1]一文指出,教研活动存在着"在教研活动中'参而不语'的现象,如心不在焉(有的教师自己戏称教研活动是发展想象力的最佳时间)","有的在下面开小会、聊天,做一些与教研活动无关的事情",甚至在调查中碰到了"极端"现象——睡着的教师。有的教师会说"又要进行教研活动了",语句中露出了一种埋怨,"教研等于负担"。

抽样调查发现:教学中遇到问题时,采用"同事间交流"的教师占 61.6％,而"在教研活动中讨论"的仅占 35.7％,教师们认为"同事间的交流"(77.1％)远比"常规的教研"(11.4％)对教师的影响大。教研活动并没有让教师们产生"不参加有点遗憾"的感觉。

造成教师主体"流失"的原因主要是教研的话题来源不是教师们关心和关注的问题,有的是教研组长"拍拍脑袋"想出来的,有的是现行"流行性"的问题,如教研组长经常问的话就是"现在你们教研搞什么?""现在流行什么我们就搞这些吧!"等,因此教研内容"每学期换一换,转一转",弄得教师们非常被动,有"被牵着鼻子走"的感觉,而对于教师真正在教育教学中遇到的问题却"置若罔闻",很少重视本园教师的关注点和疑惑点,因此在内容上阻碍了教师积极参与的兴趣,降低了教研的吸引力;同时教研形式比较单一,更多地采用"讲和听"的形式,讲的人也就是固定的几个人,似乎成了一种"思维定式"。在访谈中,有的教师说:"教研活动嘛,反正是这几个人讲的",有 78.4％的教师认为自己在教研活动中不太发言,因此教研活动缺少教师们参与的机会。

没有关照教师需要的教研活动是"孤单"的教研活动,不能满足教师需要的教研活动是效用低下的教研活动,这是造成教师主体"流失"的重要原因。

(4) 教研过程的"遗失"。教研过程的"遗失"指的是教研过程"简约化""简单化"。表现为教研活动时间较短,如访谈中有的教师说"我们的教研活动时间很短,教研组长说完了也就结束了";活动中更多的是教研组长"传递"观点,教师是"听众",只是倾听,而没有过程参与。教研过程的"遗失"使教研活动成为向教师们"灌输"知识的途径。造成此现象的主要原因是教研组长的"任务现象"(把教研活动当作一项任务)和"脑袋现象"(即教研组长事前提供完整的主题、活动设计等较成形的教学材料,教师只要按照教研组长提供的方案执行即可,不需要教师"思考",教研组长用自己的思考替代教师的思考,成了教师的"脑袋")。园本教研重视教研过程,特别是教研过程中的参与、讨论,旨在激发每一个教师的思考和相互间观点碰撞、互相质疑,让教师在思维的参与中获得一种变化,重建自我,而不仅仅是获得一种结果。可以说过程化强调的是活动过程和方式方法

---

[1] 王雪松:《北京市幼儿园教研工作的现状调查及问题探析》,《教育导刊》2003 年第 Z1 期。

本身的教育功能。

（5）教研能力的"缺失"。调查显示：面对新型的教研活动要求，教师认为组长的"问题洞察力""解决问题能力""自身的素质"是最需要的，分别为47.3％、43.7％、43.7％，认为这些也是教师们亟须拥有的，分别占35.7％、58.9％、36.6％。在与教研组长谈话中，有86％的教研组长们面对教研活动更多的是"不知所措"，如教研组长反映"园本教研背景下的教研活动如何设计""园本教研中如何引导教师们更好地开展交流的技巧""如何把教师们关注的问题变为教研的内容或讨论的对象""如何建立快乐教研"等已成为教研组长们棘手的问题，也是教研组长们感觉压力最大的地方，有的甚至怯于这一角色。

可以说，教研活动的"原生态"说明了教研的低效。教研魅力的缺失，也从另一方面降低了教研组长的教研热情。教研组长面临着"岗位培训"的需要，学习和研究园本教研背景下教研活动开展的特点、要求和策略，重新"塑造"教研活动，真正把教研活动打造成教师成长和学习的舞台。

1.1.3 "高品质"需要"强教研"

"提升品牌，创造品质"是幼儿园的发展方向，"教育质量"成为"高品质"幼儿园的核心竞争力，因此在获得外界的支持和帮助之外，强化教研，通过教研活动引领教师专业成长成为园本发展的必备之路。那么通过教研组长提升教研组质量，促进教师专业成长，实现组织的发展任务成为园本发展的必要途径。

但实际上，幼儿园面临的情况是"年轻化"——"教师年轻"（三年以下的教师占到被调查教师的62％）、"组长年轻"（教研组长的教龄一般在2～6年之间）、"面临的问题年轻"（《幼儿园教育指导纲要》和《3～6岁儿童学习与发展指南（试行）》的颁布，给教育教学带来了新的要求，使教育教学出现了新的问题，园本教研背景下的教研随之也带来了新的问题）。我们的调查发现近年来幼儿园的迅猛发展是导致教研组长年纪较轻和教龄较短的一个原因。如某市某区教育局直属幼儿园从2000年前的1所扩展到现在的30多所，园所的急剧扩张涌入了大量年轻而且经验欠缺的教师，因此教研组长的平均教龄为5年左右，有的幼儿园由于教师"断层"现象严重，教研组长的教龄仅为2年。教研组长本身在教育经验上欠缺，较为不成熟，需要更多的学习。这让现行的教研组长承担组织发展的任务是有点难度的。

斯滕豪斯指出，"教师是研究者"，在实现教师专业化成长的过程中，教研活动起着重要的作用。李政涛认为"教研组文化"是"以日常行为底蕴的生存方式和生存体验的意义上"[①]的文化构成，因此在教研组的重建中需要建立"基于日常教育教学"上的教研文化的重构和建设。而这种文化上的重构需要教研活动从形式和内容上能关注教师，提供

---

① 李政涛：《什么是"教研组文化"？》，《上海教育科研》2006年第7期。

教师专业发展过程中实质性的支持和引导。因此园本教研不只是关于"问题"的教研,更重要的是一种关于教师自主发展"变化"的理论,需要成为一种教师在学校生活中自我提升和超越的形式,通过共享经验和思想来发展新的职业知识,是一种精神提升的形式,是"提高自我认知和自我发现,帮助教师解决理想之我与行动之我"的内在矛盾的形式,是教师在职教育的主要途径。

　　基于以上认识,教研活动能够立足于教师实践,解决教师实践中的问题,注重教研活动中思维的碰撞和启示,"急教师所急,想教师所想",成为教师展示自我、交流互助和心理依靠的平台,是推动教师专业成长的学习模式。

　　可见,"强教研"在组织发展中起着重要作用,从某种程度上来说,教研的强弱决定着幼儿园办园水平和质量,决定着办园的品质。浙江省教育厅教研室制定的《浙江省学前教育保教管理指南》中第三章"教师专业发展管理"就对园本研修中的教研组长角色和工作要点、职责作了细致的规定①,正是考虑到了教研活动在提升教师水平和幼儿园发展中的重要作用。

　　综上所述,提升教研组长的教研能力成为园本教研顺利开展的迫切需要,也是影响园本教研建设深入性的重要方面之一。"教研组的建设是推进校本研修下一步的重点的观点已成共识"②,"要建立教研组长工作例会制度,通过多种途径提高教研组长的管理、策划和指导"③。2006年8月在全国第二次《幼儿园教育指导纲要(试行)》经验交流会的"园本教研和教师发展"论坛中,有关学者指出了"在大家的困惑中提到了很多有价值的问题,如关于园本教研主持人的问题等成了新的关注要点"④。

1.2　主要研究方法

1.2.1　行动研究

　　行动研究是一种教育研究活动,是一种教师和教育管理人员、专职教育研究人员密切配合,针对教育实践过程中遇到的具体问题,运用各种可能的研究方法进行探讨并以最终寻求解决问题,推动教育工作的改进为宗旨的一种教育研究方法。⑤ 从以上定义可以看出,行动研究具有现实性、合作性、实践主体性以及促进性的特点。

① 浙江省教育厅教研室:《浙江省学前教育保教管理指南》,http://www.zjjys.org/jygl/xbjy/200812/1868.html。
② 周慰:《徐汇区:教研组建设成为校本研修的重点》,《上海教育》2005年第23期。
③ 浙江省教育厅教研室:《浙江省学前教育保教管理指南》,http://www.zjjys.org/jygl/xbjy/200812/1868.html。
④ 华爱华:《会议综述之一　园本教研与教师发展》,《幼儿教育》2006年第19期。
⑤ 刘晶波主编:《学前教育研究方法》,北京:人民教育出版社,2006年版,第375页。

在本研究中,教研组长是重要的研究主体,他们既是研究者又是学习者,通过群体合作,解决自己的教研问题,获得教研活动的改善,提高教研的有效性,提升教研能力。

在"全景式学习"中,教研组长的学习活动一般会经历以下过程和阶段:

首先聚焦现场,考察和搜寻共同的教研问题,以此作为学习研究的内容和切入点。如通过大量的调查,教研组长提出了因绘本教学的知识准备欠缺而影响教研活动的有效引导的问题,作为培训者则最后提出了"以探寻绘本教学相关策略为切入点,丰富教研组长的知识准备"的学习内容。

其次根据确立的问题制定相应的计划,即如何丰富教研组长关于绘本的教学知识,设计计划如下:"引导教研组长搜寻绘本教学现状和问题,感受问题的存在","分类问题,自由分组,引导教研组长选择研究和行动","以经验交流、活动展示等方式开展集体探讨反思","提出新的改善计划","再引导进行下一轮的研究"。

第三,行动阶段:培训者引导教研组长根据安排开展相应的行动,分组研究和行动,实施计划。如教研小组选择了"如何进行绘本教学中幼儿个体阅读的有效指导""绘本分析的路径探究""绘本教学中问题支架的搭建""绘本教学中如何才能促进幼儿园的经验建构"等,自主组成团队,开展研究活动,通过研究活动来积累相关的知识,获得经验。当然,其中培训者对教研组长的探究和学习活动提供一定的支持,如适时地进行引领,帮助集体释疑等。

第四,反思阶段,培训者反思行动计划的合理性,根据教研组长的学习研究情况分析存在的原因,明确存在的问题、反思培训者的支持和引导是否到位等。如以上的行动计划中,发现教研组长自身对绘本的研读存在问题,因此有必要在下一个行动跟进中约请儿童文学专家从绘本本身的要素介绍绘本,增加教研组长开展绘本研究活动所需要的学科性知识。

第五,结合反思,适当调整行动计划,对没有达到相应目标的地方进行再次跟进,对新形成的问题进行再次聚焦。根据问题和设定的行动策略,小组进行适度调整,再次进行实践、验证,如此反复进行。

从以上过程可以看出,"全景式学习"活动运用了"行动研究法",遵循了行动研究法的工作思路即"计划—行动—观察—反思—计划"的过程。

1.2.2 调查法

调查法又称调查研究,是用各种方法和手段,对某种现象进行有计划的、周密的、系统的了解与考察,并对所收集到的资料进行统计分析或理论分析(定量和定性分析)的一种研究方法。[①] 在本研究中,主要采用了调查问卷和访谈两种方法来了解教研现状和

---

① 刘晶波主编:《学前教育研究方法》,北京:人民教育出版社,2006年版,第131页。

教研组长现状。

根据教研组长目前的生存状态以及所要了解的教研现状,本研究自行设计了两份调查问卷,分别为《园本教研背景下教研活动现状调查(教研组长和业务园长卷)》《园本教研背景下教研活动现状调查(教师卷)》。两份调查问卷都包含基本项和测试项。其中《教研活动现状调查(教研组长和业务园长卷)》基本项包括了担任教研工作的年限、教龄、学历;测试项包括了选择题和开放题,选择题共 7 类,主要为"教研活动的主要内容""教研活动主要的教研形式""有效的教研活动形式""开展教研活动的影响来源""影响教研活动有效性的元素""激发教师参与教研活动的主要的原因";开放题 2 题,主要请教研组长谈谈"对教研活动的感受、自评分和其中的缘由""希望在教研活动中亟须解决的问题或者正在尝试解决的问题"。

《园本教研背景下教研活动现状调查(教师卷)》基本项包括从事工作的年限、学历;测试项包括了开放题和选择题,选择题共 7 类,主要包括"碰到教育教学问题的时候怎么办""教研活动中的主要教研内容""教研活动的主要形式""哪种形式对教师的影响最大""在教研活动中,认为哪些是教研组长和业务园长最需要的能力""教研组长和业务园长最需要提升的是什么";开放题为"用 10 个词概括对现行教研活动的感受、满意程度,并说说不满意和满意的原因""对教研活动的良好建议"。

调查表设计之后,请了 3 位老师进行了预调查,主要是考虑调查内容的难易程度、填表时间长短以及对内容的理解与否等,预调查的结果表明调查表设计得较合适。随后调查共选取了杭州市各个区 7 个幼儿园的教师 120 名,其中回收有效问卷 112 份;教研组长和业务园长 32 名,其中回收有效问卷 22 份,在发放调查表前进行了面对面的调查说明,消除了被调查者的疑虑。回收调查表以后,对相关问题进行了百分制的统计,同时两份问卷进行了个别项目的对比分析,如教研组长认为专家引领比较有用,但是 5 年以内的教师却认为效果不大,而 10 年以上的教师又非常欢迎这种形式等。

通过访谈来了解教研现状是在本研究中运用的另一种形式。为了更好地深入了解教研组长的状态,逐个访谈了调查问卷样本 32 名中的 16 位教研组长,阅览了他们日常的教研组织记录 32 份,计 160 次活动。访谈中特别考察和讨论了教研组长对园本教研的理解、教研活动的内容制定的依据、主要采用的形式,活动是否能够保证,如何吸引教师积极参与、目前主要的困惑等,有些则结合调查结果,进一步获知背后的原因。在阅览中特别注意教研活动的次数,是否按照要求隔周进行,教研活动内容的安排情况,包括内容和形式,教师研讨和参与情况,如根据记录看发言情况、观点质量等,教研组长的准备、过程组织能力等。

调查问卷和访谈的一起运用,从某种角度来说是互相弥补的,有助于更客观地了解教研活动现状和教研组长的教研能力。

1.2.3　质性研究

质性研究即质的研究,是以研究者本人作为研究工具,在自然情境下采用多种资料收集方法对社会现象进行整体性探究,使用归纳法分析资料并形成理论,通过与研究对象互动对其行为和意义建构获得解释性理解的一种活动。[①]

本研究中作者始终处在现场,和教研组长们一起研究学习。本研究中所采用的主要质性研究方法是访谈,如研究初期对教研组长进行了访谈,涉及对园本教研的认识、教研中的问题或者困惑、在培训过程中的需要、对一些存在现象的进一步追问等。其他形式包括通过观察、记录教研组长在培训活动中的现场表现、所思所想,以及收集资料,如教研组长培训活动中的记录、反思、活动设计以及照片、录像等。在大量的现场观察和资料的基础上,逐步进行归纳分析和总结,获得一些规律性的观点。

1.3　课题研究的内容和预期的目标

1.3.1　研究内容

(1)探讨园本教研背景下,教研组长角色和特殊的能力要求。

园本教研的提出,对教研活动和教研组长提出了新的要求,因此,教研组长的角色和能力要求也会有相应的变化。那么,为提高教研组长的教研能力,开展相应的培训活动,首先需要明确教研组长新的角色和与之相对应的能力要求,使教研组长在学习培训的目的和手段等方式上更好地趋于一致,激发教研组长本人的能动性,提高培训成效,这也是本研究试图去揭示的。

(2)研究"全景式学习"中教研组长教研能力提升的教研文化和环境设计。

"教师的文化影响着教师的学习",文化对教研组长培训活动起着互相促进、互相联系的作用。一方面,文化对教研组长的学习培训起着潜移默化的导向作用,另一方面,教研组长又成为文化的建设者和实践者。同时,"全景式学习"是一种新的学习培训方式,需要新的教研文化和环境来进行保障,因此,关注教研组长教研能力提升的教研文化和环境成为影响培训成效的一个方面,也是本研究需要关注的。

(3)揭示"全景式学习"中提升教研组长教研能力的模式构建、策略、方法和平台提供。

(4)讨论"全景式学习"中提升教研组长教研能力培训技术手段的运用。

1.3.2　研究目标

本课题的研究旨在通过"全景式学习",促进教研组长教研能力的提升,胜任教研组

长工作,提高园本教研质量,推进教师专业成长。

探索"全景式学习"中促进教研组长教研能力提升所需要的环境设计、培训模式、策略保障、方法跟进、平台提供以及培训技术手段优化,为深入开展园本教研提供指导和借鉴意义。

根据以上研究目标和研究内容,在撰写以"全景式学习"提升教研组长的教研能力的实践策略的过程中,提出了如图 1.1 所示的研究模式。

图 1.1 中,用虚线表示的外圈是指文化对内圈各环节要素的影响,两者是相互影响、相互促进的。内圈和外圈的多种要素共同构成了整个培训活动的实践策略,以保证良好的培训成效。

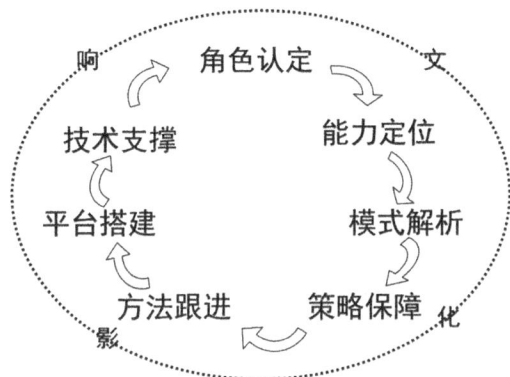

图 1.1　"全景式学习"提升教研组长教研能力的实践策略的研究模式

作者首先探寻在园本教研背景下教研组长的角色认定,这也是本研究的起点。在明确角色认定之后来追寻教研组长的能力定位,可以说角色认定和能力定位是研究的基础和前提,然后对以"全景式学习"提升教研组长教研能力的模式进行解析,以及对实现模式所需要的方法跟进、策略保障、平台搭建以及技术支撑进行了细致表达,使教研组长能够更好地胜任角色。

第2章

国内外相关研究述评

2.1　国外相关理论对本研究的启示

国外很多国家都十分重视教育教学的研究工作,如日本设立地方教育"指导主事"制度,由具有完全高度专业性和专门的教育职员对学校中有关教学课程、学习及教育科研等业务进行事务件指导;美国则由高校的教育学院的专门研究人员完成学校教育研究工作;德国的教研工作主要派一些专家担任政府督学,对学校的教育教研活动进行指导;法国的"教学研究中心"类似于我国的教研工作组织形式,由专业人员或者教授组成的教学研究部门或者"教师培训中心"来完成;俄罗斯的教研活动倡导"国家首席专家",即由专业教育人员来担任。可见,国外各国根据他们的国情,以不同的方式和人员承担着教育教学的研究工作。我国设立的专门教研机构和配备的专门教研人员却十分少,而且教研工作的开展一般都是由专业人员来担任,"突出具有教育指导和教育督导的功能"[①],因此,国外对教研组长的培训和学习的需求不像我国这样突出。

随着教研组长在学校发展中的作用日益显现,近年来英国加大了对教研组长的培养力度。英国师资教育署颁布了《英国中小学教研组长的专业标准》。教研组长专业标准包括五个部分,分别是:教研组长的核心作用、教研组长的主要成就、专业知识和理解能力、品质和学科领导能力。但与如何培训相关的研究较少。

但是国外相关的学习理论和教师发展理论对本研究提供了有益的启示。

2.1.1　成人学习理论对本研究的启示

自美国著名学者麦尔克姆·诺尔斯(Malcom Knowles)创建成人教育学以来,成人学习理论获得了长足的发展,研究认为成人学习者具有以下特征:(1)成人拥有认知需

---

① 赵才欣:《有效教研——基础教育教研工作导论》,上海:上海教育出版社,2008年,第34页。

求,知道为什么学习,他们的学习需求与变化的社会角色有紧密的关系,讲求学以致用。(2)成人有独立的自我概念并能指导自己的学习。(3)重视经验对成人学习的作用和成人已有经验在学习中的运用。(4)喜欢以问题为中心进行学习,对能解决当下困境的学习兴趣更浓。(5)内部动机是成人主要的学习动机。其中,1975年麦尔克·诺尔斯(Malcom Knowles)解释了成人的自我导向学习的概念,塔夫(Tough)在霍尔的基础上把自我导向学习作为一种学习方式,对其进行了全面的描述,他们认为:学习是广泛存在的,学习是成人生活的一部分,它是系统的但是不一定依赖于教师或者教室。麦基罗(Mezirow)认为自我导向学习的目的是为了培养质变学习,进而培养成人的自我导向学习能力。20世纪80年代末和90年代,自我导向学习模型的各环节之间有了很多的交互性,不仅考虑到学习者,也考虑到学习情境、学习自身的性质。[1]

在成人学习理论中,"基于情境的成人学习"为本课题的研究提供了一种重要的成人学习方式。美国学者凯瑟琳·A·汉斯曼(Catherine A. Hansman)认为成人情境学习的精髓:一是人类的学习行为的本质是蕴涵社会互动意义的;二是构成学习行为的基本要素的互动性,如学习者之间的互动、学习者互动时工具的运用、学习活动运作本身以及学习活动发生的背景。美国学者让·莱夫(Jean Lave)认为"学习是成人在他们所处的社会情境中作用与交互作用的再现过程"。

以上成人学习理论,可以给"全景式学习"中教研组长的学习和培训活动以下启示:

(1)教研组长的培训活动是需要基于真实问题,以解决实际问题为主要目的和内容的学习活动。问题是开展教研组长培训活动的起点,"在理论指导下开展以真实问题研究为核心的校本教研活动"[2]。可见教育研究的目的是为了改善教育教学,使其更适宜儿童的学习,因此,把教研组长教研活动中的问题,包括教研技术问题和教研中研究教育教学的问题纳入培训的范畴,有助于激发教研组长的内在积极性,能够"学以致用",使其胜任教研组长的职责和任务。

(2)教研组长学习和培训的地点需要定位在教学现场和教研现场。真实问题依赖于一定的教育情境,产生于教研组长周围活生生的教学和教研事件当中。教学从"定型化的教学"转型为"情境化的教学",教学不再是拘泥于固定步骤和有限目标的日常操作,而是教师运用自己的实践智慧赋予每一个情境以教育意义的临场创造[3]。基于教学的创造性,赋予了教研活动现场丰富多样的问题。教师在日常的教育实践中,"尽管他们未被承认为教育的创造者,但在开拓自己的实践道路方面,也不可否认地发生着有意义的

①　雪伦·B·梅里安:《成人学习理论的新进展》,黄健等译,北京:中国人民大学出版社,2006年版,第7页~15页。
②　周丽蕊等:《校本教研中教研组长的角色定位与重塑策略》,《教育科学论坛》2006年第4期。
③　姜美玲:《教师实践性知识研究》,上海:华东师范大学出版社,2008年版,第126页。

实践行为"[1]，因此在研究中，都应该"转身"，走进教师日常的教育教学实践，把教育理念融入一定的教育情境中，在教育的具体事件中理解教育理念，展现教育研究的真谛——回归教育现场和实践。使教研组长的教研能力在广泛的活生生的教育实践中得到提高，置身于教研组长所关注的教育教学现场和教研现场，关注和解决问题，关注教研组长日常实践中所蕴含的能量和潜在的意义，努力挖掘教研组长富有个人意义的真实的实践话语，体现教研组长在"全景式学习"中的主体性和"一切都是资源"的资源观。

（3）教研组长培训活动需要强调教研组长的主体参与。主体参与是教研组长在"全景式学习"中的重要特点，强调激发教研组长的内在积极性，提高学习和培训活动的成效。主体参与首先体现在以自己的实践智慧参与培训和学习活动，其次体现在以教研组长亲身实践为特点，渗透着经历过程的探究性的学习活动，即把学习当作一项"研究性"活动。

以教研组长的实践智慧参与培训学习活动，强调把教研组长的实践智慧当作一种资源，通过与同伴的对话以及其他相关因素的互动，实现相互间的碰撞，获得相应的知识，实现从"合法的边缘性参与"到"核心的参与"，同时不断丰富相应的实践智慧。在培训活动中，教研组长的成长是以教研组长的内在经验、个人知识、个人生活史为基础的，通过对它们的批判、反思和重构来形成教研组长新的个人观念，从而把新的教育理论知识、理念等整合到原有的个体的经验和认识的系统中，实现教研组长的成长。因此，在"全景式学习"中，倡导"学研训"一体，无论是"以研为主，学训结合"为特点的项目制活动，还是"以训为主，学研结合"的理论学习活动，或者是"以学为主，研训结合"的技能学习，都充分地引导教研组长真实参与，重视教研组长实践智慧的运用和积累。

其次主体参与是指教研组长有亲身实践有过程经历的一种探究性的学习活动。在学习培训活动中，教研组长既是学习和培训的对象，同时又是积极活动的研究者，集"学习、研究和培训"为一体，特别是"以研为主，学训结合"为特点的活动，更是发挥着教研组长本身在探究过程中的主动性，通过其中的所获所得，体悟成长。

（4）教研组长的学习活动是需要以批判性反思为核心的学习过程。教研组长的学习本质上大部分是累积性的，不断地在旧的知识上获得新的知识，但是还存在着另一种学习，即质变学习，"它改变了我们获取知识的方式"[2]。那么，教研组长的学习培训就需要在一定的知识累积的基础上，实现"质变学习"，正如泰勒研究发现一样，"一个突发事件或者一种混乱的两难境地，最初定位为一种单一的、偶发的事件，但是实际上是一种

---

①　丁钢：《教育与日常实践》，《教育研究》2004年第2期。

②　雪伦·B·梅里安：《成人学习理论的新进展》，黄健等译，北京：中国人民大学出版社，2006年版，第24页。

'长期积累的结果'"。①

在形成质变学习中,麦基罗强调在质变学习过程中理性思考和反思的重要性,提出批判性反思是学习活动的核心,也只有在不断的反思中,学习者根据新的经验不断地进行解释再解释创造出来②,在不断地解释过程中,赋予事物新的意义,形成"质变"。可见,学习者的学习,是建立在批判性的反思之上的,教研组长的学习需要以批判性反思为核心,如通过团队的反思和个体反思,实现超越,形成"质变"。

当然,质变学习需要一个良好的环境。泰勒认为形成质变学习的理想条件是"一个安全的、开放的、信任的环境",允许参与、合作、探索、批判性反思和反馈。麦基罗认为在形成"观点质变"的"两难境地—批判性反思—反思性话语"构成环节中,"反思性话语"是学习者与他人讨论新观点,以获得彼此的共鸣,最后,才是基于新观点的行动③。可见,在教研组长培训学习中,建立一种互相信任的、安全的、开放的环境,用以彼此之间讨论、交流和对话的环境是非常重要的,这将是有助于培训活动顺利和有效开展的重要条件。

(5)教研组长的学习活动需要在社会交往中实现。维果茨基的社会文化学习理论,指出"所有人类活动都产生于某种文化背景当中,其间充满着各种不同层次的交流、共享的信念、价值观、知识、技能、结构性的关系以及符号系统"④;情景认知的核心观点认为学习本质上是社会性的,是以"合作参与者观点的不同为中介的"⑤,在共同体的互动交往中获得身份和意义的协商的过程。

因此,需要把教研组长的学习培训活动建立在社会交往中,需要形成学习共同体,创设教研组长良好的学习环境,帮助其建构和完成学习,体现知识的社会性。

2.1.2　建构主义学习理论对本研究的启示

建构主义给学习赋予了新的意义。知识不是简单传递的,而是基于原有经验,强调原有经验的影响,有机地纳入到已有的知识结构中的,可见学习是在原有经验上的学习,是和原有经验的对话、互动和重组的意义过程,而不是简单地增加或补充。学习是知识的建构。

---

① 雪伦・B・梅里安:《成人学习理论的新进展》,黄健等译,北京:中国人民大学出版社,2006年版,第28页。

② 雪伦・B・梅里安:《成人学习理论的新进展》,黄健等译,北京:中国人民大学出版社,2006年版,第25页。

③ 雪伦・B・梅里安:《成人学习理论的新进展》,黄健等译,北京:中国人民大学出版社,2006年版,第23—29页。

④ 雪伦・B・梅里安:《成人学习理论的新进展》,黄健等译,北京:中国人民大学出版社,2006年版,第69页。

⑤ J・莱夫、E・温格:《情景学习:合法的边缘性参与》,王文静译,上海:华东师范大学出版社,2004年版,第16页。

教研组长建构知识的直接动力来自于教研组长在教育实践中面临的各种真实存在的问题,每一个具体的情境都需要教研组长做出迅速的反应,及时应对面临的情况。同时,教研组长建构实践性知识的另一个原因就是教研组长对教育教学实践的合理性的追求——不断质疑和优化教育教学实践,不断追求卓越的过程,体现了为教育教学实践服务的主题。可见,学习的过程是学习者主动建构知识的过程,学习成为学习者运用经验、与外界互动、主动生成信息的意义过程。

因此在教研组长的培训活动中,除了激发教研组长对教研的热情之外,还需要强调学习和培训活动原有经验的利用,教研组长在学习和培训活动中注重"探究和引领""培训和领悟""学习和实践"的并重,提高学习培训成效。

当然,根据建构主义学习理论提出的对知识的新理解,教研组长的学习不只是学习书本知识,而是一种理解和假设,这种理解和假设可以是对事实的一种个人化的观点或者是对现象的推断、预测。这也就说明了教研组长培训不能只聚焦书本知识学习,更重要的是在过程中建立一种对周围环境的理解和思考。

2.1.3 教师专业发展理论对本研究的启示

现行教育"关注的焦点已从改进学校的质量转移到改进教师质量上"[1],从技术理性为核心转向"实践性知识"为核心的教师教育上来。斯滕豪斯在《课程研究和编制导论》中提出:教师的专业发展在于专业自主发展能力。专业自主发展包括了系统的自学、研究其他教师的经验,在教室里检验已有的理论。可见,倡导教师的专业自主发展的目的就是为了不断更新自己,重塑自我,能够胜任工作,找回作为教师的职业尊严和成就感。

为促进教师的专业发展,培训成为重要手段和途径。当前国家重视教师的培训工作,投入了大量的物力、人力和财力,培训活动成了教师学习和生活中的重要组成部分,当有教师问"你(她)在干什么"的时候,通常会这样回答:"在培训"或者是"在培训的路上",可见目前培训活动的密集程度很大。但是从落实教师的专业自主权上讲,还包括"在专业发展上按需选择培训内容、方法、途径等自主权"[2]。因此教师专业发展的核心就是促进教师对面临的教育教学问题进行积极研究,推动教师的深层思考,用理论来诠释鲜活的实践,获得意义理解。这对提高教师的理论水平和反思能力,提高自己的使命感和责任感等有着重要意义,也可以改变对教师角色的一些消极认知。

综上所述,教师专业发展的重要特点是需要关注教育情境中知识的形成,即教师实践知识的形成和积累。

教师的实践知识是教师专业成长的核心,是一个教师成熟和智慧的重要表现,教师

① R·C·米什拉:《印度教育研究》,《教育展望》(中文版)2003年第3期。
② 叶澜:《改善发展"生境",提升教师自觉》,《中国教育报》2007年9月15日第3版。

实践知识是在实践中建构的,是关于实践且指向实践的知识[①],具有"情境性、复杂性、缄默性和建构性"的特点。同时教师的专业水平的发展更多的是在在职阶段获得的,通过对新手教师和专家型教师的比较可以看出,教师在职阶段的专业成长的核心是"获得产生于处理复杂性和不确定性的情景过程中的实践性知识,尤其是要面对的是如何把那些明确的知识付诸教学实践的过程"[②]。

但是,教师实践知识的积累是存在着一定的困难的,就如"搞好幼儿园园本教研活动不容易,是因为幼儿园教师和专业人员对于真实教育情景下有效教育、教学的把握十分困难"[③]。因此,如何基于现场,利用现场中的真实的教育情境开展培训活动,推动教师的专业发展成为研究的内容。"案例式学习""现场反思"等成为教师学习的一种手段。李志厚在《西方国家教师学习研究动态及其启示》一文中指出:1998 年,美国"全国教学与美国未来委员会"在《变化中工作,变化中学习:工作场所和社区中教师学习的必要性》中主张,面向 21 世纪的教师学习,应该是立足于工作为本的学习,能够在学习和探究中构建自己的教学案例,遵循一定的原则,从自己学科专业、各种教学知识,通过角色反思和交往沟通进行学习[④]。

从以上教师专业发展理论和教师教育的特点看,教研组长的学习和培训需要树立以下的观念:以帮助教研组长积累实践知识为主要导向,最大范围地利用现有的教育教学和教研现场,在实践和研究中获得能够应对错综复杂的教育教学和教研环境的能力。

因此关注教育现场,以真实问题为研究内容,亲历其中,探究学习,积累教研组长需要的实践知识,促进自身可持续发展的学习,需要"全景式学习"。

2.2　国内相关研究述评

我国学校中以教研组的形式展开教师群体教学研讨活动,具有悠久的历史。从 1950 年起,我国中小学成立了由各科教师或相近学科教师组成的学科教研组,有了学科教研组的建制[⑤]。1957 年教育部颁布的《关于中学教学研究工作条例(草案)》规定了教研组的性质、任务、内容。幼儿园的教研活动承袭了中小学的体制和方法,又相对"校本

---

① 陈振华:《解读教师个人教育知识》,《教育理论和实践》2003 年第 21 期。
② 顾泠沅等:《教师专业发展的校本行动研究》,《教育发展研究》2003 年第 6 期。
③ 朱家雄:《幼儿园园本教研再议》,《教育导刊》2006 年第 6 期。
④ 李志厚:《西方国家教师学习研究动态及其启示》,《外国教育研究》2005 年 8 期。
⑤ 注:由于关于幼儿园教研组长学习和培训的研究尚处于起步阶段,因此在资料收集中较多地借鉴了中小学教研组长方面的研究资料。

教研"提出了"园本教研"的概念,但是,根据作者掌握的文献看,在承认教研组推动了教师教育研究和教师成长的前提下,在教研组长培训等方面主要存在着以下问题。

2.2.1 关注教研"外围"的研究多,回归教研组长需要的教研"本位"的研究少

已有研究表明:众多学者较注重讨论教研组制度建设及机制、目标建设方式和教研文化等外围建设,如上海市徐汇区"中小学教研组长专业发展的行动研究"项目组重点提出了教研组长角色功能的回归和拓展,做"引领研究型"的教研组长,进而发挥一个学校基础性教学领导的作用,即发挥教学领导力[1];又如教研组组织目标要突出"学习型""研究型""合作型""创新型"[2];叶宝华从认识教研组的性质、组织建设、加强教研组的活动指导、参与教研组的活动四个方面讨论教研组的建设问题,指出了"培养组长的工作是加强教研组建设和开展学校的校本教研的关键环节"[3],具体规定组长学习制度,推荐组长参加活动、指导组长开展工作;李政涛[4]则从"教研组文化创建"角度指出学校整体性变革与转型,最根本的是实现学校文化的转型,同样教研组的变革和转型,其深层次的根基也在于教研组文化的转型和重建,阐述了"教研组文化"是"以日常性为底蕴的生存方式和生存体验的意义上"的文化,构成了教研组的生存和发展的根基建设,并提出了"以文化产品的创建与管理为核心,创建新型的'教研组文化'"。

谢尔在《教师专业发展和学校教研组建设》[5]一文中提出创建学习型教研组是教师发展的理想选择和要尝试建设专业取向的教研团队。《加强教研组建设的调研与思考》[6]提出了推动教研组发展的管理机制——推选优秀的教师当教研组长、明确教研组长的权利和义务、建立教研专项基金;丰富教研组活动内容、丰富活动形式、提高活动实效等。

研究反映回归教研"本位"的内容较少,即从教研视角入手研究教研活动开展的依据、教研氛围的营造、教研系统设计、有效教研中教研组长的影响度、教研组长的教研素质等方面内容不多。因此,造成教研组长在促进教研能力提升过程中,获得的相应的信息非常少,通过自我学习促进教研能力提高等方面内容的学习就很少。

2.2.2 关注教研组长教研能力提升的观点多,但提出教研组长培训活动的研究少

在园本教研活动中,教研组长是"走向具体的个人"[7],即"教研组长在教师眼中是具

---

① 上海市徐汇区"中小学教研组长专业发展研究"项目组:《提升教学领导力——中小学教研组长的角色、培养与管理探析》,《上海教育科研》2006年第6期。

② 孟纯初:《教研组要突出"四型"》,《中国民族教育》2004年第6期。

③ 叶宝华:《加强教研组的建设努力推进校本教研》,《上海教育科研》2005年第5期。

④ 李政涛:《什么是"教研组文化"?》,《上海教育科研》2006年第7期。

⑤ 谢尔:《教师专业发展与学校教研组建设》,《广西教育》2006年17期。

⑥ 王海仔:《加强教研组建设的调研与思考》,《江西教育》2006年第9期。

⑦ 叶澜:《教育创新呼唤"具体个人"意识》,《中国社会科学》2003年第1期。

体的,而不是抽象的,从对学校教师的个性化解读入手,提出可供选择的文化菜单,包括制度菜单和课程菜单"①,这就需要关注教研组长开展园本教研的基本能力的培养、研究和学习,包括教研的设计能力、教研活动的组织策略,实现园本教研所需的问题管理能力、对教师知识产品的管理能力等。郑惠萍在《构建自助式教研制度 提高教师专业自主能力》一文中提出了"菜单式项目选择制、轮流主持制、对话式教研制、故事分享制、深度会谈制和网络式培养制"②等形式,可以说这是根据教研组长的教研方式提出的:教研活动的开展应在制度上保障教师的专业自主能力得到有效提高。

邹鲁峰虽然在《对案例研讨活动中角色的价值分析》③一文中谈到了作为"主持人"的功能价值:"提取案例中有关核心问题的信息;发现研讨过程中所出现的具有进一步研究价值的问题;总结和提炼课程专家的意见。"但这也只是对教研组长提出了相关要求,对如何培养教研组长这些能力缺少建设性意见。陈柳英《享受智慧的教研对话》④提出了教研组长在开展教研活动中具体的教研对策"真情期待,全员参与;问题教研,有的放矢;群体细分,促成共鸣;主动对话,暴露问题;智慧积聚,品尝快乐",但是对教研组长在教研形式和目标的实现上如何匹配,形式如何与内容做更好的链接,如何做到平衡等都缺少细节性的研究,因此对目前教研组长教研能力的提高帮助不大。唐玉萍提出"业务园长或园长在园本教研中自身应该做的如学习不停、业务不丢、勤于交流",也是基于对教研组长的自我要求。众多文献更多的都是诸如对学校提出相关要求,如基于教研组长的现实能力和水平,需要校长"指导组长开展工作,具体为向组长分析学校情况、指导其制定工作计划、经常询问帮助出主意并帮助总结"⑤等的研究。

以上这些观点都提出教研组长需要提高教研能力,而提高教研能力的方法更多的是希望教研组长自我学习、对校长提出要求等,缺少基于教研组长教研能力提升的系统的培训理论及方法。如有,也只是提出了"需要培训的观点",如"校本教研中教研组长角色重塑的策略首要就是加强培训,更新教研观念,增强角色意识,从传统教研方式的弊端中跳出来,打破按部就班的教学研究的框架。强化学习,提高理论素养,深化角色内涵;加强研究,提高研究能力,实现角色转换;观摩学习,提高组织能力,促进角色作用的发挥"⑥。

① 李政涛:《以文化产品的创建与管理为核心,创建新型"教研组文化"》,《上海教育科研》2006年第9期。

② 全国学前教育学会主编:《现代教育管理·幼儿园的改革与创新》,上海:华东师范大学出版社,2006年版,第76—78页。

③ 邹鲁峰:《对案例研讨活动中角色的价值分析——由一次田野课程案例研讨活动所引发的思考》,《学前教育研究》2005年第11期。

④ 全国学前教育学会主编:《现代教育管理·幼儿园的改革与创新》,上海:华东师范大学出版社,2006年版,第148页。

⑤ 周丽蕊等:《校本教研中教研组长的角色定位与重塑策略》,《教育科学论坛》2006年第4期。

⑥ 叶宝华:《加强教研组的建议努力推进校本教研》,《上海教育科研》2005年第5期。

2.2.3 培训方式单一,缺少基于教研问题情境的立体化构建

由于对教研组长培训的认识更多的是处于认知和观念建立阶段,因此关于开展对教研组长的培训,促进教研组长专业发展的研究尚处于开始阶段,相关资料很少。走在较前的有上海市徐汇区"中小学教研组长专业发展的行动研究"项目组,他们在实践中本着"提升教学领导力"的目标提出了"实务技能类"和"综合运用类"培训内容、"理论和实践结合的'双循环'专题培训流程"以及"立足于实践性智慧传播和分享的专题案例研讨"①为代表性的培训方式。马连奇指出:教研组长的培训方式分为"集中培训""以师带徒""与高校联姻""课题促进"和"标准引导"等②,但是还是存在着一定的问题:

(1)对教研组长培训的情境关注不够,离教研组长的现实问题较远。教研组长成长的主阵地是教研现场,由于教研组长培训活动更多的是由一定区域内的教师进修学校或者教研室来承担的,从操作程序上,培训内容、培训的方式都由培训者策划,教研组长更多的只是"参与"活动程序。从内容上看都是根据培训者的意愿和是否能实施(一般根据培训者现有资源考虑)来设定,有时候更多的是为了方便操作来设定,如"高大上"的学术报告较多。可见,教研组长的培训一般模式为"培训者设计出培训方案,展开实施,最后完成学习任务的鉴定"③,这一模式突显了由培训者"自上而下"的设计较多,真正来自于教研组长的"自下而上"的内容较少;学习是为了获得一个学分或者是一张证书。因此培训活动的内容离教研组长面临的现实问题较远,"工作以外所提供的培训充其量只能是一种补充培训,其作用在于辅助实际工作环境中的学习经验"④。现代培训,需要关注教育情境,关注教研组长的需求,以教研组长的教研问题为主要切入点,在学习、研究和培训结合的方式中促进教研组长的教研能力的提升。

(2)重视对教研组长成熟知识的传递,忽视对教研组长自主生长性素质的培养。目前,对教研组长的培训活动更多的是成熟知识的传递,如有的以经验交流形式引导教研组长互相学习;有的邀请专家进行通识知识的讲座,有的采用推荐一些教育理论书籍,撰写阅读笔记等形式,相对来讲,缺少教研组长自己基于问题的研究式的学习和探究活动,在研究式的学习中积聚教研组长胜任本职工作所需要的专业素养,如对问题的把握、追踪以及解决问题能力的培养、研究能力的培养、学习思维的培养,对实践过程中生成问题的应对等。

---

① 上海市徐汇区"中小学教研组长专业发展研究"项目组:《提升教学领导力——中小学教研组长的角色、培养与管理探析》,《上海教育科研》2006年第6期。

② 马连奇:《中小学教研组长角色定位及成长培训》,《基础教育参考》2007年第2期。

③ 上海市徐汇区"中小学教研组长专业发展研究"项目组:《提升教学领导力——中小学教研组长的角色、培养与管理探析》,《上海教育科研》2006年第6期。

④ 冯施钰珩等:《学习者、学习与评估》,香港:香港公开大学出版社,2003年版,第176页。

（3）培训活动形式单一，教研组长的参与性不够。教研组长作为培训的主体，需要发挥自身的主体性，在内容、形式等方面保证自身的参与性，实现主体交往实践中的深层建构，理论和实践的融会贯通，使其主体地位和价值得到体现。但是，由于组织等方面的原因，教研组长的主体性发挥不够，教研活动形式单一。

一个成功的培训应该具有如下公认的特点：以实践为基点，全面参与、主动学习、合作学习，同时还应能得到培训者的专业引领，富有实效性和可持续发展性[①]。因此，为提升教研组长教研能力，提高园本教研成效，对教研组长开展培训活动不仅仅是提出"需要培训"的观点，而是用具体有效的培训方法，根据教研组长学习特点，立体化地建构，最大限度地促进教研组长教研能力的提升。

这种培训活动首先应该让教研组长成为自身实践的研究者，研究园本教研本身，研究教师的需要，研究开展园本教研的策略和方法，获得教研实践智慧，以期创造性地开展教研活动。其次，在研究中需要进行专业的引领和支持，教研组长培训活动不是"自我成长"，而是有着一定的系统设计和培训学习要求，同时又有着良好的专业引领的要求，如如何基于教研组长能力要求和现实需要设计培训内容、如何提出引发教研组长思考和行动的问题、如何帮助教研组长进行提升等。第三，培训追求实效性，这是培训开展的初衷也是归宿，要能够解决教研组长面临的开展教研活动的问题，促进教研组长的成长。第四，培训活动具有"生长性"，使教研组长具有可持续发展的能力，不仅获得知识，更重要的是聚焦于其能力的提升，使教研组长能够应对以后面临的教研问题，能够自主地研究和解决问题，胜任岗位要求，以获得认同感和价值感。

结合以上的设想，教研组长的培训活动需要体现以下特点：

立足现实问题。培训活动能够以解决教研组长的教研困惑为目的，以具体教研活动中的问题为内容，满足教研组长的现实需要。这样可以调动教研组长的内在需要和参与动机，首先选择教研组长碰到的教研问题，从有着强烈的解决需求的现实问题入手。另一些选择的问题，是培训者经过观察认为教研组长在教研实践中没有发现的，但在教研活动中存在且重要的问题。

培训活动以解决现实问题为活动内容，进行系列的引导，既引导教研组长全面参与，如思维参与，又体现培训者的引领和引导过程。

参与为特征。培训活动需要避免以往的"灌输"式的学习，在激发教研组长内部学习的前提下，引导教研组长参与培训活动，强调实践和体验。体现在：

一、经历过程。能力的提高是基于一定过程，在一定过程中加以实现的，因此教研组长的培训活动应该关注教研组长的真实参与，引导教研组长以研究的方式进入培训

---

① 刘占兰主编：《促进幼儿教师专业成长的理论与实践策略》，北京：教育科学出版社，2006年，第22页。

和学习,在研究中学习、培训,经历过程,注重参与过程中的所思所想,获得问题解决的过程,实现教研能力的提升。

二、以教研组长的实践经验为参与方式。以往的教研活动中,教研组长的培训活动虽然是有一定教师经验的参与,但只是片断性的,并没有形成完整的过程。我们强调以教研组长的实践经验参与,不论是学习培训的内容来源、解决过程还是最终解决方案,都是在教研组长的教研经验的基础上建立起来的,注重对教研组长经验的运用、积累,既是学习培训活动中的资源,又是培训活动的目标。

三、体现行动。参与是一种行动方式。因此教研组长的培训活动应该是基于行动,以行动为特点,在行动中完成培训,获得成长。

四、倡导合作学习。教研组长的研究学习和培训需要在一定的团队和群体中,在与团队成员的互动和对话中开展研究学习,获得相应的能力,实现个人意义的建构。团队和群体包括了培训者和教研组长。

五、能力发展为指向。培训活动不能只是为了应对目前所处的问题,而是以现实问题的解决为途径,以培养教研组长的教研能力的提升为指向,使教研组长的成长具有可持续发展性。

2.3 基本概念界定

2.3.1 什么是"全景式"

"全景"的英文是 Panorama,是绘画和摄影领域的词汇,例如"全景画""全景摄影",指的是包括周围所有区域的全部画景。[①]引申到本研究中来,就是用整体的眼光和要求关照影响某一核心内容的相关因素,体现整体和部分之间的关系。对教研组长培训活动来说,"全景"是指与教研组长成长相关的周围环境和因素,如教研现场、教研组长的成长环境、教研组长与教师等"重要他人"的关系、教研组长的自身素质、教研组长的成长要求等"全景"表明了其影响元素的丰富性、多元化和立体感,这些元素整体影响着教研组长的成长。

2.3.2 什么是"全景式学习"

"全景式学习"把教研组长所需要的教研能力的培训置身于真实的广阔的教研或教学现场(这里两者统称教育现场)中,通过与其成长相关环境的"互动——生成"体验"学研训"一体的方式,多方面、多角度地使教研组长获得开展园本教研所需要的知识和能力,促进教研组长成长(见图2.1)。

_____

① 全景:http://baike.so.com/doc/6679892.html

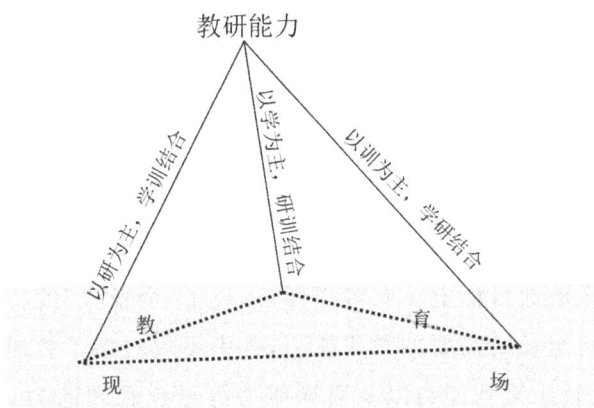

图 2.1　"全景式学习"

"全景式学习"是指教研组长培训活动所依托的背景,具有"全景式"的特点。培训活动以日常真实的教育教学环境和教研现场为背景和对象,根据真实的学习任务情境,使教研组长在同伴和专家的帮助和支持下,能够以此为基点开展研究培训和学习活动,解决教研中相应的问题,获得教研能力的提升,从而培养自己独立自主的学习能力,确定自己的主体地位,形成自己的主体身份。当然,以真实的教研环境为背景,首先从空间概念上看,指教研组长直接从事的教育场所;其次从时间上看,是指正在发生的教研现状和行为,具体是指呈现在我们眼前的"此刻"的教研状况,体现了"全景式学习"中教研组长的培训活动"在现实中,为了现实,基于现实"的理念。同时,教育现场存在着各种各样的问题,如教研技巧上的问题、教学专业上的问题、教师关系处理上的问题等,具有复杂化、相连感和多样性的特点,可以说是"全景式"的。但是,作为教研组长用来学习和研究的问题情境却是"聚焦式"的,是"全景"中的一个"镜头"。而且,三种培训方式内容的取舍是与教研组长的现实需要和特点相联系的,是动态的,不同的对象,截取教育现场中的研究学习培训的场景是不同的,犹如图 2.1 中底部的三角形用虚线表示其动态性和不确定性。

"全景式学习"在培训的方式上具有"全景式"的特点。在教研组长培训活动中,倡导"学研训"一体,即根据所学知识的特点,分为"以研为主,学训结合"、"以学为主,研训结合"和"以训为主,学研结合"三种方式,立足于教研组长的岗位要求,以岗位和岗位经验作为学习、培训、研究的背景、起点和资源,通过个体和集体反思,形成相关理论,最后付诸教研实践,形成新的教研经验,循环往复、螺旋上升,实现工作学习化、研究化,学习、研究工作化,提高教研组长的教研能力,推动教师的专业成长。三种方式各有侧重点,但是又互相联系,彼此促进,共同支撑起教研组长教研能力的提升(见图 2.1),因此"全景式学习"包含了对教研组长学习环境的设计。

"教育的情境是我们每天教育活动、教育实践的场所"[①]，教研组长培训活动的内容瞄准的是教研现场中的问题，可以说所有教育现场中需要解决的问题和教研现场中所需要的问题都是培训的内容，这些构成了教研组长学习和研究培训的情境。每一个教育情境都有一定的教育内容，都希望教师能够做一点什么，情境的日常性、丰富性和潜在的意义感，说明了教研组长培训活动中的问题来源和内容都具有"全景式学习""广"的特点。

"全景式学习"在培训目标上具有多样性，体现了"全景式"的特点。"全景式学习"主要是培养作为教研组长所需要的教研能力，其中不仅包括了教研组长开展教研活动所需要的组织能力、教研策划能力以及引导能力等过程管理能力，同时还需要教研组长本身具有一定的可以支撑教研活动所需要的专业知识，因此需要通过"学研训"一体化的学习，获得专业知识、教研技术能力和策略。当然，在教研组长培训过程中，经历研究、影响思维等成为贯穿始终的要点。

因此，"全景式学习"具有以下特点：

第一，现实性。"全景式学习"瞄准的视点是教研组长所面临的教研现场，立足于教研组长的教研现场，解决的是教研组长亟须解决的问题，目的是让教研组长能够更好地胜任教研工作岗位。这是一种"朝向事实本身"的学习活动，感受来自于与对教育现实的呼唤，是一种"求实"中的"求是"的行动过程。因此，"全景式学习"是基于教研现实，从教研现实入手，解决相应的现实问题的学习活动，具有现实性的特点。

同时，"全景式学习"的现实性还体现在学习内容来源于现实中的各种问题，以问题为切入点，以解决问题为相应的目标，可以说，"全景式学习"是以问题为中心的学习活动。问题在学习者的学习过程中不断地被解决，然后又产生新的问题，在问题推进中把学习者的认识推向深入。

现实性的特点使学习者在情感上产生共鸣，有利于激发其能动性和现有的实践智慧，实现"学以致用"，使学习能够与工作融为一体，在工作中学习，在学习和研究中工作，让学习成为一种自然。

第二，整体性。"全景式学习"利用了教研现场中的真实背景，是所有相关要素共同参与的一个现场，不是某一个具体因素单独作用而形成的。同时又具有一定的"时间段"，不是简单的一个"流程"，包含着特定的文化氛围等。因此，"全景式学习"正是关注了背景，才以整体的形态出现的，这就要求用整体的眼光和思维来把握和统筹相关的因素，注意彼此间的有机整合和联系，体现各因素之间的相对独立性和整体感，杜绝彼此间的割裂。在具有"整体感"的情境中，学习者可以获得整体能力的提升。"全景式学习"

---

① 马克斯·范梅南：《教学机智——教育智慧的意蕴》，北京：教育科学出版社，2001年版，第55页。

既关照了学习活动中的相关要素的影响,把其作为学习要素设计在学习活动中,同时又较好地体现了学习和研究的关系以及知识获得和能力培养的关系。

第三,发展性。发展是一种变化和促进。发展性主要体现在"全景式学习"最终的导向是注重过程中对学习者的能力促进。如经历问题解决过程中的方法论的影响,学习者的思维方式的影响,在研究过程中如何基于现实从而实事求是地研究精神的影响以及学习者之间的合作,这些是基于学习者生命提升的活动,有助于学习者在学习活动中获得一种身份的认同,通过能力提高进一步认识自己以及自身的价值,满足不断增长的自我实现的需要,促进人整体的完善和提升。

发展是一种动态的过程,一种不断生成的过程。在学习活动中无论是学习内容、学习进程还是学习结果,都是随着学习者的学习过程不断发展和变化的,没有具体、生硬的严厉要求,使学习活动体现以学习者为中心、外部要求相结合的特点。学习活动预设的是学习者以能力培养为主的目标导向的制定,学习的内容、过程和结果只是实现目标的一种手段和形式。

第四,形成性。"全景式学习"注重学习者过程中的成长,营造了一种开放的学习环境,有利于学习者通过自己的努力,结合自己的特点,在一定的空间和时间内来促进自己的成长,实现个性成长。但是,学习不等于全部"放手",而是在培养学习者能力的前提下,通过有效的环境、目标等设计促进学习者的成长。"全景式学习"形成性的特点,强调了过程学习,对学习者的能力成长坚持"以少聚多、从量变到质变"的学习过程。

形成性特点说明了"全景式学习"重视"经历"获得,同时更重视"体悟"。"体悟"学习中的合作、方法、思维过程以及价值情感,如感受与同伴共同学习和工作的乐趣,愿意参与探究的倾向等,"体悟"学习研究活动中的生成和惊喜等。

形成性的特点说明学习是通过主体行动建构能力的过程,"全景式学习"主张学习活动以问题解决为主要的过程,强调了学习者既是学习对象,又是研究者,通过学习者的主动"行动"和内在积极性的激发,在互动中逐步内化,建构相应的知识,获得成长。一般会经历问题—假设—行动—调整等阶段,学习活动的过程就是行动研究的过程。

2.3.3　"全景式学习"的机制

"全景式学习"的机制主要根据柯尔伯的体验学习模式(见图 2.2)[①]。

该理论被称为"体验学习"有两个理由:一是历史原因,其主要源于 1940 年科特·勒温在社会心理学领域里的相关研究以及 50—60 年代的敏感性训练和教育实验;二是要强调"体验"在学习过程中的重要作用,以区别于关于学习过程的认知理论。体验

---

① 大卫.柯尔伯、唐纳德.沃尔菲:专业教育与职业生涯发展——经验学习理论视野中的适应能力之跨领域研究.《终生学习与成人发展项目》结题报告(英文版)第 4—5 页,1981 年 4 月。

学习模式的核心是一个简单的学习圈/环,主要描述经验如何向概念转换,而概念又如何转而用于选择新的经验。

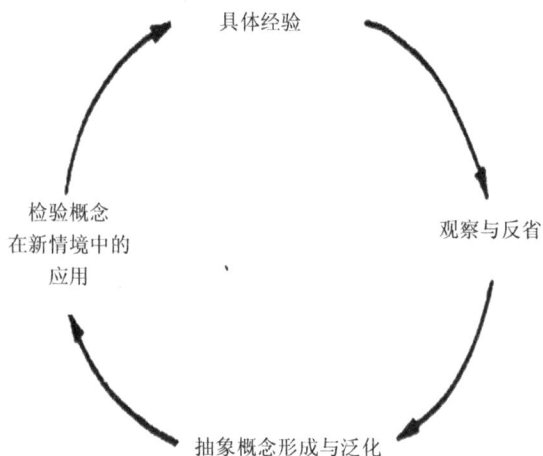

图 2.2　柯尔伯的经验学习模型

学习被当作一个具有四个阶段的循环。直接的具体经验是观察和反省的基础。这些观察的结果将被"理论"所同化,引导出对于行动而言的新意义。而这些意义或设想又将成为在行动中产生新经验的向导。一个有效的学习者需要具备四种奠基性的适应能力:具体经验能力(CE)、自我反观能力(RO)、抽象概括能力(AC)和主动实证能力(AE)①。也就是说,学习者必须能够把自己完全地、开放地和没有偏见地投入到新的体验之中去(CE),他必须能够基于这些体验从很多个不同的视角进行反观内察(RO),他必须能够创造出可以把自己的内省整合进符合逻辑的深层次理论的新概念(AC),他也必须要能够运用这些理论去决策和解决问题(AE)。

在柯尔伯理论的基础上,贾维斯(Peter Jarvis)又提出了一个更加具有现实实践意义的模式(见图 2.3)。这个模式表明学习可以有不同的路径和取向,未必严格按照柯尔伯所规定的四个阶段。因此,可以存在下列几种情况:

(1)非学习(Non-learning),如推测(Presumption,格子1~4)、非思维加工(Non-consideration,1~4)、拒斥反应(Rejection,1~3到7到9);(2)非反思(Non-rellection),如下意识活动(Pre-conscious,1~3到6到4及/或9)、实践活动(Practice,1~3到5到8到6到4及/或9)、记诵活动(Memorization,1~3到6可能/和8到6和4及/或9);

---

①　具体经验(concrete experience,CE)能力,形成具体的经验,如按照某种程序的操作活动;自我反观(reflective observation,RO)能力,观察对象并反省观察的方式方法,相当于元认知(metacognitive);抽象概括(abstract comprehension)能力,把具体的概念抽象成一般的概念并使之能泛化和迁移到别的情境;主动实证(active experimentation)能力,将已经获得的概念自觉运用到新的情境以检验概念形成的合理性或准确性等并对概念进一步抽象和一般化。

（3）反思性学习（Reflective learning），如深思（Contemplation，1～3 到 7 到 8 到 6 到 9）、反思性实践（Reflective practice，1～3 到 5 到 7 到 5 到 6 到 9）、经验学习（Experiential learning，1～3 到 7 到 5 到 7 到 8 到 6 到 9）。

当然，从广义学习的角度，我们也可以把贾维斯这里所说的各种情况都视为学习活动，这样，学习活动就将成为多元式、多维式和全方位的行为，这就是本文中所谓的"全景式学习"模式。

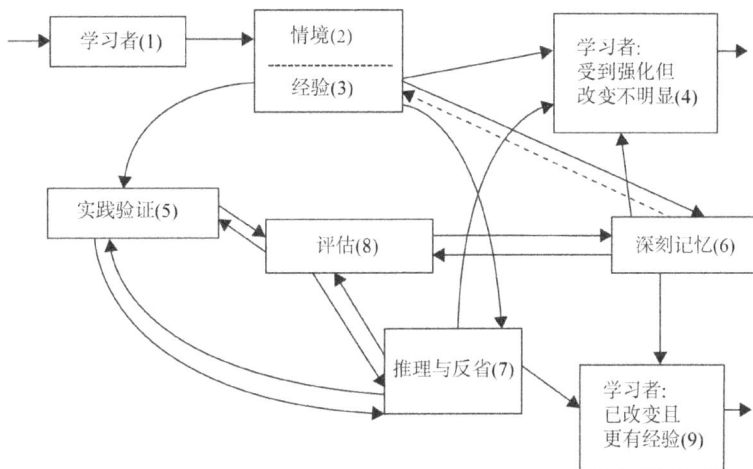

图 2.3　贾维斯学习模型

2.3.4　"全景式学习"坚持的原则

互动性：与周围环境包括教研现场的互动和培训者、教师以及教研组长的互动。互动是"全景式学习"的一种重要方式，体现了关注现场、关注学习中社会交往的特点。

融合性：融"学习、研究、培训"于一体，注意三者之间的有机结合，使学习既有自主参与，又有外部引导，提高学习成效。

情境性：强调情境中的学习，基于情境的感悟和作用的学习。

问题性：在与周围环境中互动，产生问题，并分析和尝试解决问题的过程。

行动性：研究的最终目的是基于行动的改变，同时也是在行动中不断升华经验。

建构性：活动中所获得的知识和技能，需要参与者不断地对自己已有的经验重构，不断转化为个人意义的理解。

2.3.5　什么是教研能力

教研能力即教育研究能力，是为了有效解决一定的教育科学问题而应具备的个性心理特征的总和[①]。这里指教研组长胜任开展园本教研所需的能力，包括教研过程

---

① 张国胜：《试论高师院校学生教育科研能力的培养》，《宁波大学学报》（教育科学版）2001 年第 4 期。

管理能力,如"教研活动策划设计能力""教研活动的组织能力""氛围引导能力""问题管理能力""文化产品的管理能力""自主学习和研究能力"以及参与教学研究的热情、态度和取向等。

首先,教研组长教研能力具有综合性的特点,包括了开展园本教研中所需要的多种能力。

其次,教研能力具有依附性的特点,需要借助于一定的载体实现,同时又依附于和呈现于具体的教研活动之中,在活生生的教研现场中展现出来。

最后,教研活动能力具有复杂性,它的形成和培养不是运用单一的手段和形式就可以完成的,能力的提升需要一定的形式和载体,需要经历一定的时间,也不是靠"灌输式"就可以完成的。

2.3.6 "全景式学习"与教研能力提升的一般关系

"全景式学习"的"现实性""整体性""发展性"和"形成性"的特点,把学习视为立体化、多元式、多维式和全方位的行为,避免了学习的单一行为,有利于学习者在"全景式学习"中综合地学习多种能力,实现学习者整体素质的提升。

"全景式学习"是以能力培养为目的的,借助于"项目展开式"等活动,倡导通过反思、实践和团队学习,在过程中培养教研组长在教研中所需要的思考能力、实践能力、合作能力和研究能力等。

"全景式学习"把学习的现场聚焦在教研组长熟悉的教研现场,基于教研现场的复杂的情景性的特点,引导教研组长来研究教研现场中出现的问题,这种问题既有对教研本身要素的研究,如教研组长碰到的关于如何把握教研中的问题的探究、如何进行教研策划的规律的探究和如何对教师在园本教研中参与点的设计等,同时又具有对教学问题的探究,为教研组长更好地进行教研活动所需要的"观点准备"服务,如解决教师在绘本教学中的"个体阅读"问题,需要教研组长自身对"个体阅读"做一定的实践探究,既能应对教研组长的现实问题,又在此过程中培养教研组长的问题管理能力、知识管理能力和过程管理能力等,激发教研组长的积极性和主动性,感受研究的乐趣。

"全景式学习"注重"学研训一体",根据教研组长不同能力的获得需要,开展不同的学习方式,如理论提升需要、研究能力提升需要和技能学习需要,开展相应的学习活动,集中突出了实践和提升、理解和实践、参与和提升等关系,同时通过一定的专业引领,有效解决教研组长在研究学习中的问题,在把握实践中提升教研组长的教研能力。

因此本研究试图以"全景式学习",这种立体化、多元式、多维式和全方位的学习,促进教研组长教研能力的提升,促进教研组长的成长,提高园本教研的成效。

2.3.7　以"全景式学习"提升教研组长教研能力的模式的构建

基于对"全景式学习"的理解和分析以及对相关概念的解析,进一步建立了以"全景式学习"提升教研组长教研能力的实施模式,具体为"聚焦现场,对接问题"、"追随需要,动态生成"、"激发参与,导向深入"、"放中有引,引中推进"、"经历过程,体悟成长",详见图 2.4。

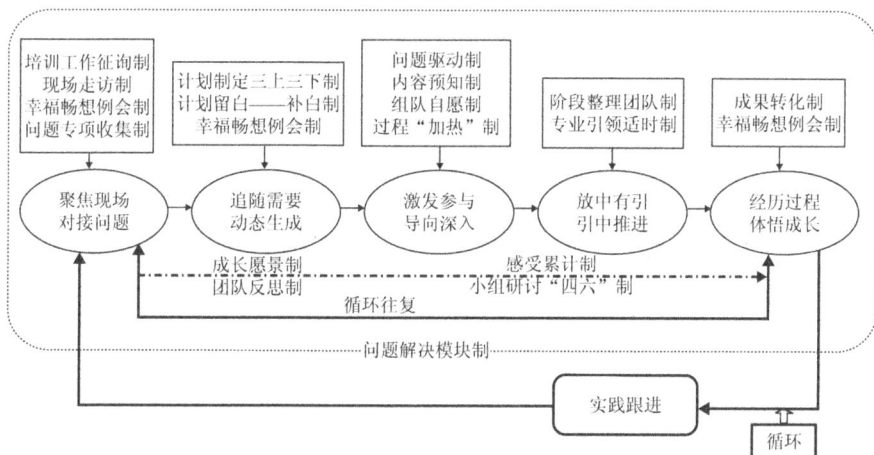

图 2.4　"全景式学习"提升教研组长教研能力的模式

从图 2.4 可以看出,"全景式学习"提升教研组长教研能力的模式突出体现了教育的现场性和问题性,以教研组长的需要为前提,强调教研组长的体验式参与和反思,突出了学习环境的设计和支持的作用,展现过程中的能力成长,是一个新型的真正促进教研组长教研能力的培训模式。

第3章

我们是谁： 追问园本教研背景下教研组长的角色要求

教研组长有着两种身份,一种是骨干教师,另一种就是教研组长。美国肖特曾说过这么一段话:"教师需要成为一个有教养的人,成为一个有专长的人,成为一个有研究能力的人,成为一个有教育能力的人。"那么教研组长在园本教研背景下,应该是既具有教师所需要的能力,同时又有根据园本教研的特点开展教研活动所需要的能力,可以说园本教研赋予了教研组长新的角色要求。

3.1 有教育理想的教研组长角色

曾经有两位教研组长在她们的"教研月记"中写道:

> "月牙一天一天地充实自己,总有一天会变成一轮皎洁的满月,我们教研人,在教研活动中也会慢慢地学会走路,从月牙走向满月。"

> "我们设计者(指教研组长)也是'泥菩萨过河的人',在尽自己的能力,带着本组教师(大部分年轻人)摸着石子过河,努力寻找科学的彼岸,这一路有艰难,也有风景。"

仔细研读两位教研组长的感受,我们能够体悟其中的一份艰辛和坚持,一份期待,感受到一种乐观主义的精神,这两份感受深深地表达出了教研组长对教育和教研的理想和追求。

教育带有厚重的乌托邦色彩。所谓"乌托邦精神",本来的意义也就是人类对超越现存状况的价值理想不懈追求的那样一种精神①。教育,因其表现着对未来价值理想的不

---

① 乌托邦精神：http://www.doc88.com/p-97781088001.html

懈追求，而具有鲜明的乌托邦精神。或许这也正是国际 21 世纪教育委员会主席雅克·德洛尔在《教育——财富蕴藏其中》的序言中以"教育：必要的乌托邦"为题的意旨所在。

教研组长，作为一名教育工作者和教育先锋，同样需要有一定的教育理想和教研理想，或多或少、或大或小，在不断质疑现实、否定现实的基础上，以人的发展为依据，保持对教育的希望和追求。正如一位教授曾经呼吁的一样："教育工作者要有一点前瞻的意识和幻想的精神，要有一点不安于现状的躁动，才能使一个潜在的，没有首创精神便不能诞生的新教育伴随新的世界诞生。"[①]特别是在近乎功利和浮躁的时代，更需要有这样一种教育理想作指导，真正凝视教育，用教育理想指导教育行为的精神追求。教育应是诗一般的事业，只有把教研组长从谋职的岗位上解脱出来，让其带领教师们走上幸福的"研究之路"，教研组长才能为实现自己的教育理想而不断地努力。

但是，有时候在实现自己的理想过程中会遭遇一些问题。在一次教研展示后，有一位教研组长表述了自己的疑惑：

> 若平时的教研活动都能做到这样保质保量，那幼儿园的教学研究水平和师资素养不是我们目前能估量的。现有疑惑：这样的教研和我们日常的教研有多少差距？这样的差距是如何造成的（或者说哪些在干扰我们的精心教研）？

其实这位教师向我们展示的是对园本教研中的一些"不和谐"音符的困惑。确实，在开展的过程中，会碰上各种各样的问题，幼儿园的重视程度、支持力度，老师的参与广度、合作深度等都可能成为让教研组长陷入各种困惑的因素。

因此教研组长需要有为实现教育和教研理想而不懈努力、孜孜以求的精神。园本教研是行走在教育理想（应然）和教育现实（实然）之间，寻找教育现实和教育理想的差距，努力改进教育现实，不断地走近理想教育的过程。其间需要超越现实的胆识和眼光，需要对教育现实不断反思的坚韧，对教育现实进行批判的勇气，更需要有不断行动跟进的毅力和面对可能的挫折的承受力以及乐观开朗的心态。

教研组长首先要明确自己的定位，然后就要试着回答以下两类问题：

（1）你的教育理想是什么，你要把教研组成员引到哪里去？你如何通过教研活动让教师的教育更能促进孩子的成长，打造理想中的教育？

（2）在园本教研中你想做什么？你能做什么？你应该做什么？你还缺什么？

---

① 孙孔懿：《对"教育的乌托邦"评点》，《江苏教育研究》2004 年第 2 期。

3.2 会思考的教研组长角色

孔子曰:"学而不思则罔,思而不学则殆。"孟子曰:"心之官则思,思则得之,不思则不得也。"这都说明了思考的重要性。"谁最先能改变心智模式,谁就能获得更快的进步",这是《第五项修炼》中的一项修炼方式。"改变心智模式"需要具有一定的反思和思考品质,教研也一样。于是,套用孔子的语录格式,我们可以说:"教研教研,教而不研则浅,研而不教则空。""浅"指尚未达到反思的阶段和高度,"空"则意味着反思没有建立在一定的基础之上,而流于猜测和言之无物、说空话。园本教研要突出"研"性,需要教研组长首先具有一定的研究意识,一定的思考意识。如教师们所反映的真正的问题在哪里?形成这些问题的原因又是什么?背后的理论支撑又是什么?今天的教研活动,老师积极参与的原因是什么?在教研组织过程中自己什么地方还存在问题,该怎样改进会好一些呢?园本教研从另一种意义上来说就是引导教师形成思考的习惯,思考的意识,把思考作为工作的重要方式。

"我在故我思,我思故我在",教研组长因为处于教育和教研现场,需要对现象进行思考,并用自己的思考体现自己的存在和价值。不仅要对教育教学现状进行反思,同时还要反思教研活动,以自己的思考影响教师的思考,以自己的思考带动教师的思考,提升教研活动的质量。

做一个会思考的教研组长需要具有:

勤于观察的精神。会思考的教研组长需要"低下头",把关注的视点面向教育现场和教研现场,而不是坐在办公室,听听汇报、看看书籍、想想当然,如果这样,思考也是"海市蜃楼",脱离幼儿园实际;同时教研组长还要"潜下去","潜"到教师们中间,"潜"到教育现场和教研现场,观察、把握、提取现实存在的活生生的问题。

不断质疑的精神。质疑就是以批判的眼光和否定的观点考察所面对的一切,提出其存在的合理性。因此,教研组长需要对教育和教研中的现象进行审视,向传统开战、向习惯挑战、向常态道别。

【案例 3.1 为了检查的自然角创设】 每次环境检查,教师们总是贴出一张"告示":请家长和幼儿从家里带一些植物、容易饲养的小动物,参与自然角建设。于是自然角中摆满了家长和幼儿从家里带来的各种植物和小动物,教师们也会很满意家长的配合:"我们的家长很配合,带来了很多花,很好看!"可检查一过,自然角的创设也就终止了,这似乎成为幼儿园多年来的常态。

会思考的教研组长容易对这种现象产生怀疑：自然角的创设就是带一些植物和小动物吗？自然角就是为检查而设的吗？大家这样的做法就是合理的吗？有没有方法让现在的自然角创设得更好呢？如果有，那么又该怎样做呢？

要有刨根问底的精神。会思考的教研组长经常会多问几个"为什么"，如在上例中，有的教研组长就会继续思考：是什么造成自然角的现存状态？教师为什么对这样的状况没有提出疑问，不敢说还是没有意识到？这个原因又是什么呢？自然角可以进一步"改良"吗？如果可能，如何利用教研活动来影响教师们等等。

做一个会思考的教研组长，通常需要在教研活动开展的不同阶段，适时地展开思考，感受自己的角色和位置，不断改进教研活动质量。

第一，提出教研内容阶段，可以从以下角度进行思考：

（1）本次教研活动的内容是教师在教育教学中的共同疑惑吗？

（2）讨论的内容能够引发教师的兴趣吗？

（3）讨论的内容与教师的教育教学现状中已有的经验相关吗？如有，相关度有多少？

（4）研讨的内容所包含的基本要点是什么？

第二，准备教研活动阶段，可以从以下角度进行思考：

（1）对这个内容的研讨我是否了解，我有怎样的观点呢？

（2）在本次活动中我是否运用了现有资源，特别是教师们身上的案例、经验等资源？

（3）我提供的案例是否来自于教师，是否具有典型性？对于案例的展现教师们是否能够容易把握和理解？

（4）参与的形式是否给予教师足够的空间，是否有利于形成对话？

（5）教师参与本次教研活动需要准备些什么？我可以提供哪些资料来支持教师？

（6）教师们可能会碰到哪些问题？

第三，教研活动开展过程中，可以从以下角度进行思考：

（1）我展现问题或者案例的形式合适吗？

（2）教师们有足够的讨论时间吗？讨论是否具有一定的开放度和一定的深度呢？

（3）教师们需要我吗？如果需要，我可以做什么？应该做一些什么？

（4）我的作用发挥得如何，符合教师们的需要吗？是否起到了深化教师的认识和理解的作用呢？有没有存在"一言堂"现象？

第四，教研活动结束后，可以从以下角度进行思考：

（1）今天的研讨内容达到预期的目的了吗？

（2）活动中又生成了哪些新的问题？

（3）活动中有没有出现与往常不一的现象，如教研氛围、教师表现等方面？这种变化可能是基于什么原因？

（4）活动后探讨的结果是否有利于教师进行行动跟进？我将如何评价教师在实践中的跟进？

（5）我自己在活动中又有哪些不同的经历和感受？

3.3　能实践的教研组长角色

> 随着幼教改革的深入发展，一个优秀的教研组长必须做到在改革和竞争中不断探索，在学习和反思中反复实践。通过一些细化的教研计划（教研策划），即从教师的实际需求出发，通过教研提高教师的各方面能力，解决教师实际教学中的问题。同时通过反思—实践—进一步的反思—进一步的实践，不断循环、螺旋式上升的过程，我获得成长，教研实践得以改进，变"评价"为"分享"，让"分享"走向"对话"，互相取长补短，有了自己一定的教研经验以及分享、收获的喜悦。
>
> ——一位教研组长的手记

教研组长需要实现自己的教育和教研理想，最重要的是立足教研活动，利用教研活动这一形式，研究教育教学中的问题，推动教师成长，在教研活动中实现教育理想和教研理想。

3.3.1　能努力做好每一次教研活动

每一次的教研活动都是教研组长的"练兵场"，因此，教研组长需要认真对待，把自己的教研理念和教研艺术运用到每一次的教研活动中去，同时通过每一次的教研活动，不断地总结和提炼教研艺术，积累相关的教研经验，使教研活动更具有价值和意义。

（1）有教研时间上的保证。

（2）有渗透着"思考"的教研活动组织设计。教研组长需要做好教研活动的策划，而不是比较随意的，计划是成功的第一步。

（3）能注意教研活动的"并联"和"串联"的关系。即小组教研与大组教研活动的衔接，一般来说小组教研可以是大组教研的细化或延伸；做好本小组教研活动的前后内容的连接，使教研组活动内容具有"跟进"性。

（4）能注重教研活动中细节的处理。

3.3.2　对教研研讨问题的实践跟进

"做能实践的教研人"要求教研组长和教师们一起共同把教研活动中研讨的策略、方法等运用到实际的教育教学工作中去，在实践中检验，改进日常的教育教学，最终促进幼儿的发展,同时为下一轮的教研提供内容上的可能,体现园本教研的实践取向,而不是"热热闹闹谈,快快乐乐说,冷冷清清做"。

3.4　有智慧的教研组长角色

教研组长作为教研活动中的核心人物,在开展教研活动中,需要有着多种的能力支撑,如优秀的教育素养、扎实的教学功底、良好的组织能力、深刻的反思能力、灵活的教研机智等等,是一个有着教育和教研智慧的人。

3.4.1　正确的理论视点

正确的理论视点指的是教研组长能从教师的教育教学现状出发,敏感地发现教育现状中与正确的理念不一致的地方,能够引导教师的行为与教育理论趋向一致。这种正确的理论视点正是基于正确的儿童观、教师观等。

【案例 3.2　对绘本阅读的理论视点】　绘本教学活动中,教师们的活动展示更多地表现出"教师一页一页阅读,幼儿倾听"、"集体同步阅读"、"以教师问代替幼儿阅读"的现象,缺少了幼儿"个体阅读"的环节,教研组长此时需要敏锐地感觉到:缺少幼儿"个体阅读"的绘本阅读活动是不适合培养幼儿早期阅读能力的,因为"幼儿早期阅读能力"的培养主要是为了提高幼儿的自主阅读能力,包括了阅读方法和技能的学习,阅读过程中预测能力、假设能力等预备策略的学习和感受,通过绘本阅读培养幼儿的观察和思维能力等,而不仅仅是让幼儿倾听一个绘本故事。

从以上的案例分析可以看出,教研组长只有对幼儿早期阅读活动有正确的认识,才能通过教师的教育现状看到问题的所在,进行合理的分析,提出正确的观点。如本案例中教研组长需要明确的是:"幼儿个体阅读"是培养幼儿自主阅读能力的关键,在教学活动设计中是必要环节。

正确的理论视点能使教研活动具有一定的科学性和先进性,并具有一定的研究价值,是保证教研有效性的基础。

3.4.2　敏锐的捕捉能力

敏锐的捕捉能力,就是善于捕捉教师身边有潜在价值的问题、用于教研研讨的有典型性的案例或片段。

如在以上案例中,教研组长敏锐地感受到问题的存在,明确了绘本教学中需要培养幼儿自主阅读的能力,需要设计"幼儿个体阅读"环节等,同时结合教师们已开展的绘本教学活动,把能反映相关问题的案例筛选出来,如集体阅读活动中,对幼儿阅读速度、理解水平、关注要点等表现出来的幼儿不同的阅读方式的现象进行收集,同时在阅读活动中对渗透的阅读方法和技能传递的现象也进行收集,引导教师分析。

3.4.3　灵活的思维状态

灵活的思维状态,就是面对不同情境下的教育和教研问题能够快速反应,并能用一定的策略创造性地加以解决,灵活的思维要求教研组长必须是一个有策略的人。

【案例3.2　托班教研活动的"一波三折"】　一次托班组的教研活动,教研活动的内容是托班的区域活动该如何创设? 于是,一些老教师"侃侃而谈",说托班可以开展"拓印""喂娃娃""撕纸"等,还带了多年积累的材料,表述的内容是整个托班可以开展的所有的区域活动内容。而年轻教师都不发言。教研组长发现这与自己的教研初衷不符,更糟糕的是教师似乎忘记了教研活动中幼儿所处的背景——入园20多天的幼儿。

于是,教研组长马上提醒教师"请大家注意您所要面对的是入园20多天的孩子,这个阶段,他们能做什么?"教师们不语。有几个教师互相看了看。

一阵沉默之后,教师们开始"诉苦":"其实现在刚入园不久的孩子是不用做什么区域的,做好的材料一会儿就破了","我们班有一个孩子,什么都不做,就喜欢转门把手,不停地转呀转!","我们班的孩子更烦,老喜欢抠墙上布置的材料,一抠一大片,真是麻烦","我们班的孩子也是,喜欢把积木倒进倒出,还乐此不疲呢"……

教师的表现又出乎教研组长的意料,但这位教研组长马上发现:教师们虽然是在诉苦,其实他们也是在诉说孩子在这一阶段的年龄特征和需要,只不过教师们没有意识到,把它当作一件"糟糕的事"罢了。于是这位教研组长想:"既然孩子喜欢做这些事,那我们是否可以创造这样的一种环境让他做,满足他,在关注幼儿兴趣需要的同时又发展幼儿小肌肉动作,这就是我们活动区根本目的,另外也有利于教师把握材料的目标。"于是,以"动词"为主题词的托班区域活动创设的策略也就有了雏形。

简单的思考完毕,教研组长提示教师们:"孩子的这些表现说明了什么? 我们是否可以从中得到创设区域活动的启示呢?"教师们一震。

"他们喜欢做这些动作,说明了他们的需要。""如果有的幼儿喜欢抠,我们就提供材料让他们抠,促进小肌肉发展,同时我们的墙饰也不会遭到破坏了!"……

"那么,就你们的观察,托班这一阶段的幼儿有哪些喜欢的动作呢? 请你就你观察到的现象来谈一谈！"教师们的话题就打开了，最后一共获得了 22 个"挖""抠""夹""敲"等托班幼儿阶段喜欢的常用动作，又讨论了如何根据各个动词设计相应的区域材料，教师们讨论得异常火热。

以上案例说明，在教研活动中，始终需要教研组长有一个灵活的思维状态，对事件进行及时分析，把握问题所在，以便更好地开展教研活动。

3.4.4 良好的应对能力

教研组长良好的应对能力，指的是不仅能够适应园本教研带来的变化，对园本教研过程中生成的问题能够适应（如案例 3.2 中面对教师的"抱怨""无语"等现状，就体现了教研组长良好的应对能力），更重要的是能够与不同的教师交往和互动，营造良好的教研活动的氛围，把教师吸引到研究和探讨活动中来；就如何应对教师不同的个性特点以及对教研的不同态度，采取一定的方式和策略进行沟通和交流；如何能够在尊重教师意愿的前提下对教师的问题巧妙地加以说明；如何通过系列的教研活动来带动教师积极参与活动的热情等。这一些都应成为教研组长开展教研活动时所需要思考的问题。

3.5 愿服务的教研组长角色

园本教研的目的是促进教师的专业成长，促进幼儿园的发展，因此教研组长就是利用园本教研活动这一平台，推动教师成长，促进幼儿园发展的人。教研组长从这层意义上来说是为教师服务，为幼儿园发展服务的人。只有抱着这样的意识，教研组长才能把教研内容聚焦到教师们身边的问题，才会在教研形式上引导教师深层参与，才能尽自己最大的努力让教研有效，也只有在这样的意识中，才能感受一个教研人实现理想的快乐感和幸福感。正如一位教研组长所说的："组织一次有实效的、成功的教研活动是有点累，首先要去寻找问题，了解教师的需求，然后在教研活动中通过集思广益、群策群力去解决问题，为教师服务。但是，当教师感到活动还比较有用的时候，我觉得值，我愿意当这样的'梯子'。"

3.5.1 情感支持

在教育教学改革过程中，教师们会有不同的情感体验，对问题或者疑惑会有一些焦虑、倦怠等情绪反应。因此，教研组长要能够做好教师们的"咨询师"，对教师在教育教学中碰到的困惑能够给以理解、关注等，让教师感受到教研组长与他们在一起，共同面对教育困境，让教师感到"并不孤单"；在心理上给予一定的支持，如认真地倾听教师们的诉求；对教师们的困惑，无论大小，无论深浅，都能以"宽阔的胸怀"真诚地接受；对教师们暂时的"徘徊"能够进行耐心的等待；对教师们的并不平常的反应能够以"平常心"面对等等,通过情感上的支持和服务,让教师们真正感受教研的魅力——教研的温情和人性。

3.5.2　提供支点

"园本教研是一种变化的教研",说明教研组长的服务角色体现在通过教研活动,为解决教师们的教育教学问题提供支点、帮助,提高教师的专业水平,促进教师专业成长。

"予人玫瑰,手留余香",教研组长在努力为教师为幼儿园服务的同时也在成就着自己,获得自己的成长。

第4章

我们需要什么： 探求园本教研背景下教研组长的特殊能力

园本教研背景下,教研组长有了新的角色要求,那么对教研组长又有什么新的特殊能力要求呢?

实现教师的专业成长,最主要的是不断积累从一个新手教师成为专家型教师所需要的实践智慧,而实践智慧的获得需要在日常的工作中练就。已有的教师发展研究和众多校本研究实践表明：提高教师的专业水平,需要建立以校为本的教学研究制度,建立交流和研讨机制,在教师实施课程过程中对教学行为进行分析、反思等,推动教师成长。结合校本教研,园本教研的定位应该是"以幼儿园——教育教学实践为研究基地和本体""以促进幼儿和教师的发展为目标""教师是教学研究的主体"[①]。

园本教研必须体现园本性,必须瞄准本园教师们的问题,需要运用多种方法吸引教师们参与到园本教研活动中来,利用教师们的实践智慧开展反思性对话,同时对教师的活动予以整理和提升,起到引领作用,重构新的人际交往。因此,需要教研组长对教师教育教学现状和问题、教师们已有的实践智慧有深度的把握。同时对教研活动中教研组长的策划、组织、引领等也提出了新的要求,以实现园本教研"同伴互助""自我反思""专业引领"三大要素。

4.1 问题管理能力

【案例 4.1 讨论什么好呢?】 教研展示活动前,一位教研组长有点紧张,着急地跑来问我："你说,我们教研活动讨论什么问题比较好呢?你有什么内容可以让我们讨论呢?比如说,比较新颖一点的,现在大家都在讨论的东西?"我问："你在日常工作中看到了教师们身上有什么问题需要解决?你觉得你的老

---

① 刘占兰：《园本教研的基本特征》,《学前教育》2005 年第 5 期。

师们在教育教学中存在什么样的问题？他们有什么样的问题需要解决？"面对我的问题,教研组长哑然……

"我的教研问题在哪里？"这是每一个教研组长在组织教研活动之前都会问的一个问题。"问题"是教研活动的重要内容。在教研活动中,教研组长对"问题"有着很多的疑惑：

教研组长1：教研的点要小一些,具体一些,那么教研组长如何收集教研应关注的点？

教研组长2：知道有时候对问题不能"守株待兔",要"主动出击",寻找问题,但是有时面对教育实践,好像自己"失明"了,郁闷！

教研组长3：问题的提出需要具有普遍性,但每一位教师所需是不同的,一个教研活动看上去已提出解决方案,但是否对每一位教师都适用？即"共性"和"个性"如何更好地解决？

教研组长4：如何从问题(教师的问题)——→问题(教研的问题)？
……

在现行的教研活动中,教研组长在问题的选取上存在以下现象：
首先,"以'我'的问题代替'大家'的问题"的现象
教研组长在教研问题的选择过程中,经常以自己碰到的问题或者自己感兴趣的问题来"取代"教师们的共同问题,依此开展教研活动,使教研活动带有教研组长浓重的"个人主观色彩",使教师们对所研讨的问题没有兴趣,降低了教师们的参与热情,影响教研成效。产生这个问题的主要原因是教研组长不太重视教研内容的选择或者找不到教师们的共同问题。

其次,"大问题"现象
在教研活动中,常常会发现讨论的问题过大,过于宏观和抽象,使教研活动只能匆匆而过,如同"蜻蜓点水",影响问题的解决。"大问题现象"说明教研组长在问题选择过程中存在"虚"问题现象。如"关于幼儿行为习惯培养"的一次教研活动,"关于幼儿园区域活动创设"的一次教研活动等。殊不知,如"幼儿园区域活动创设"包括了很多的内容,如区域的空间创设,区域材料的投放、调整,教师在区域活动中的角色和区域创设中的评价等;区域材料投放又包括很多的内容：材料投放中记录表的设计和运用、材料投放如何追随幼儿、如何调整材料投放,在数学区域如何设置有探究性的材料,材料如何"留痕",材料如何隐含教师的目标,材料的多层次如何在设置中体现等等。在教研活动中,要研究区域创设,具体指的是哪一类呢? 这一类中,教师哪些表现集中体现了这个问题呢? 这些都需要教研组长进行"细化、细化、再细化",让问题能够真切、有形,便于解决。

第三,"问题把握不准"现象

教研组长在问题的找寻和分析确定中,常常不能把握真正的问题,出现偏离现象。如以下是一位教研组长在倾听教师们的困惑之后确定的问题。

【案例 4.2　娃娃家中教师的困惑 】

C 教师:孩子把娃娃都扔在地上,只顾自己玩,这种现象在托班正常吗? 我觉得很正常,托班孩子本身就比较自我,为什么非要让他们照顾宝宝呢? 而在惯性思维中,娃娃家里总是有小娃娃,让孩子们去照顾? 非要这样吗? 我很困惑!

Y 教师:从小小班的年龄特征来看,他们比较自我,交往不是首要,而是在娃娃家中的操作,自己玩才是首要,所以要让他们克服各类玩具所带来的诱惑,去照顾娃娃,可能不是他们最喜欢做的事情。

E 教师:小小班的娃娃家是否需要整合更多的内容? 如生活能力方面。

H 教师:小小班的幼儿在娃娃家中最大的需求就是操作和玩,整合的内容不能多,特别是技能性的练习会影响他们的兴趣。

Y 教师:两个班都有喂娃娃的材料,但是相对来说,还是比较单一,推动感不强,如何来发挥这样的材料的隐性指导作用呢? 在很多人的理解中,隐性指导或者推动感,就是通过图示、规则的介绍来实现的,那么这种方式对托班是否有用呢? 另外,很多人提倡幼儿的私密空间,我们班也创设了,但是幼儿兴趣并不大,这样的设置在托班是否合适?

C 教师:我觉得,私密空间应该视需要而设,而不能成为摆设。

Y 教师:我从观察到的现象来分析一下私密空间存在的必要性,我们班幼儿进入私密空间的频率很低,因为对他们来说,最大的兴趣在于娃娃家里的玩具,他们的年龄特征决定他们的游戏是平行游戏,他们的交往缺少固定的对象、固定的话题,随意性较大,要他们自发地到一个空间去用言语交流,并不是特别合理,等孩子的交往到了需求更强烈的时候,倒是可以设置。

教研组长根据以上教师们的困惑,选择了"如何提升材料的隐性指导作用"作为问题策划和开展教研活动。

其实从以上教师们的表述看,"托班幼儿在娃娃家的工作是否就是照顾娃娃"、"私密空间的设置是否合适"、"材料的隐性指导是否需要,如何发挥"、"是否需要更多的整合"

等问题,反映出教师对托班幼儿年龄段的认识比较模糊、不到位,"幼儿的学习方式决定教师的教育方式",正是因为理解上的出入造成了在教育方式的选择上出现偏差,造成了许多"现实困境"。因此,应选取"托班幼儿是如何学习的"为切入点,结合教师们观察到的片段分析原因,解读托班幼儿基于以上现象的深层原因——年龄特点,帮助教师解开疑惑。

第四,"不是'问题'变成'问题'"现象

【案例4.3 老师是因为记录表疑惑吗?】 教研组长:刚才大家在讨论中都提到了形式与实效方面的问题,在这次观摩中我发现我们班的科学区都投放了一些记录表,请大家谈一谈,你投放记录表的目的是什么?

Z教师:能检验、呈现幼儿实验的结果。

D教师:能够调控幼儿的活动,有了记录表后孩子对于操作会更主动、积极。

F教师:记录表可以留下幼儿的操作痕迹,也可起到"幼儿教幼儿"的作用。

Y教师:通过孩子的记录也可以让我明白我在科学区中投放的材料是否合理。

教研组长:是啊,记录表又称活动记录表,就是记录幼儿进行区域活动的情况表。但是当我们的设计初衷与实际效用产生背离的时候,记录表就不能如实反映幼儿的活动情况了。

我们班有一个"有力的纸张"科学活动,通过比较不同材质的纸张在不同形状下的受力情况,了解材质、形状与受力的关系。我也投放了一张记录表,大家来看一下。大家有没有发现什么不妥的地方?

F教师:好像蛮好的吧,简洁易懂。

Y教师:有横向、纵向比较,比较清晰。

教研组长:恐怕听了我的案例大家就不会这么认为了。(分享案例《不会倒塌的纸桥》)

Z教师:之所以出现这样的情况,主要是老师事先对材料不够了解。

B教师:我也发生过这样的情况。我曾经设计过一个关于制作陀螺的记录表(展示记录表)。我让幼儿记录自己制作的陀螺是否成功。"成功"的在这儿打钩,"不成功"的打叉。但真正实施时问题就出现了。孩子制作的陀螺有时能转一下,但马上又停止了。于是就有幼儿问我:"老师,我这样算成功吗?"

Y教师:是的,有时实验结果并不是只有那么两种情况。我们在设计记录表之前都要考虑到。

教研组长：那我们在设计记录表时要注意哪些问题？

F 教师：我觉得首先要能如实反映幼儿实验的结果。

T 教师：要简洁、易懂，让孩子容易记录

D 教师：要考虑该活动适不适合用记录表。

教研组长：记录表的设置要根据活动本身的特点以及幼儿的年龄水平，设计时要便于幼儿操作。

……

教研组长：

今天大家就科学区记录表的设计展开了非常热烈的讨论，每位老师在活动前也都做了充分的思考和准备，纷纷发表了自己的看法和体会。我认为每位老师的发言都是很精彩的。你们对今天的活动有什么感受？

D 教师：作为年轻教师，对于区域的设置还没有太多的经验，经过今天教研活动的交流和启发，对记录表的设计有了更多的认识，在下次设计中也会更加注意。

Z 教师：教研活动的目的就是为了解决我们工作中遇到的一些问题，今天的教研对我来说还是有启发的，但我觉得还不是很深入。

T 教师：建议下次教研活动大家的素材再具体些。

教研组长：在今天的教研活动中我们也只是初步地进行了探索，在下一次活动中还需深入挖掘。希望今天的活动能给大家的实践工作特别是记录表的设计上带来一些帮助和启示。

从整个教研流程片段和教师们最后的反馈看，教研活动似乎让教师们有一种"没有吃饱的感觉"，正如在教研组长引导教师们谈谈活动感受的时候 Z 教师所说的"我觉得还不是很深入"，T 教师所说的"教研活动的素材再具体些"。从这里可以看出，教研组长选取的"科学区域活动记录表的探讨"似乎并不是教师们所关注和疑惑的问题，过程简单，案例选择简单，缺少引发教师们思考的点，教研活动停留在教师们之间的观点交流上，缺少教研活动的"提升"和"引领"功能。教研组长缺少对教师们就"记录表"的设计和运用中更细节的问题的把握和疑问的深入探讨，如在记录表的运用过程中，教师们真正的问题在哪里？记录表的准确性到底包括了哪些要素？如何避免为记录而记录的现象等，无法通过案例分析引导教师做更深层的关注。

园本教研是一种"问题教研"，是以问题学习为取向的教研活动。因此，如何收集问题，如何整理问题，如何利用问题开展教研活动，成为教研组长开展园本教研中关键的问题，也是一个教研组长开展园本教研所必需的一种重要能力，决定着园本教研的有效性,也反映了教研组长敏锐的观察能力、快速获取信息的能力、对信息的整理能力以及运用信息解决实际问题的能力。

因此,教研组长需要对本园存在的问题进行有效管理,寻找本园问题,把握本园问题,利用反映的典型园本问题展开研究,提升教育教学质量,促进幼儿和教师的发展,提高教研的成效。从某种意义上来说,教研组长就是一个"首席问题官"[①]。

问题管理能力包括了对问题的收集能力、整理能力、利用能力和解决能力。

4.1.1 问题的收集能力

问题收集能力指的是教研组长有意识地运用多种途径收集教师们现存问题的能力。教研组长的问题收集能力体现了教研组长的问题意识,以及对园本教研活动的本质理解,体现出园本教研的问题性和大众性。

教研组长的问题收集能力主要是开辟多种途径广泛地收集教师们的问题的能力,这些途径的开辟与下一节中关于教研策划能力中的"收集教师们的需要"相类似,主要有如图 4.1 所示的几种,这里不再赘述。

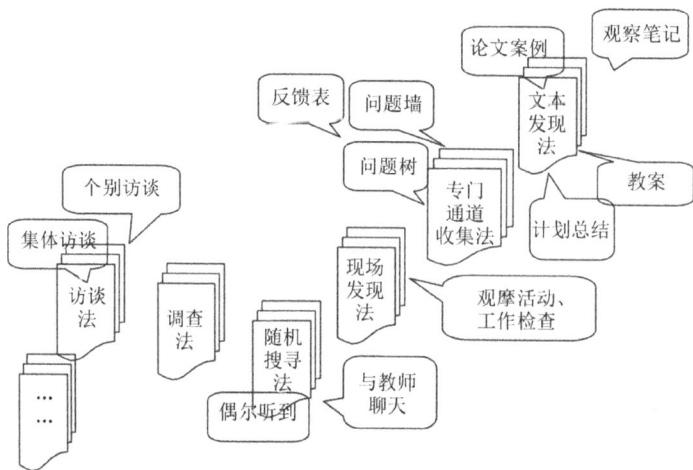

图 4.1 寻找教师问题的方法

在收集问题过程中,需要教研组长不断地询问自己:

(1)我是否注意了问题收集的重要性?

(2)我是否运用了多种途径收集各种问题,有固定途径定时收集,也有不定时、随机收集的途径?

(3)收集问题中,是否关注了每一个教师的可能问题?

(4)是否注意营造鼓励教师多提问题的氛围?

(5)对个别不会主动提问题的教师,我是否用其他方式,如主动同他们进行沟通来

---

① 孙纪伟:《首席问题官——无"权"而有为的企业高官》,北京:机械工业出版社,2005 年,第 12 页。

了解他们的问题？

（6）问题具有隐藏性，有些教师并没有感受到的问题我是否注意到了，并采取一些方法主动地寻找教师们中间存在的但没有被意识到的问题？

总之，问题收集能力的培养需要教研组长"勤观察""善质疑"和"多思考"（见图4.2）。

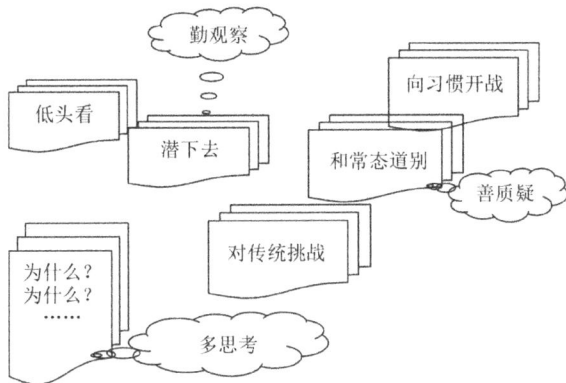

图 4.2　寻找教师问题的要求

4.1.2　问题的整理能力

问题的整理能力是指教研组长在收集众多问题之后能够仔细地研读问题、分析问题，对问题进行梳理和诊断，最终获得核心问题的一种能力。问题的整理能力关键在于是否能找到核心问题或者说关键问题，正所谓"问题多种多样，而关键问题何在"[①]。

教研组长通过多种途径获得各种问题之后，首先需要对获得的问题进行研读。通过研读，了解问题涉及的范围和数量、问题的背景和性质、提问者的情况（年龄层次、不同人员关注的内容取向等）、问题的深度等。在研读中，教研组长可以从以下几个方面进行反思：

（1）我认真研读每一个教师提出的问题了吗？

（2）读了这些问题，我有哪些感受呢？

（3）我了解教师们所提出的问题主要涉及的范围吗，具体是哪一些呢？

（4）这些问题和以往教师们所提的问题相比，内容上有什么新变化吗？

（5）从教师们提出的问题看，主要关注哪一方面比较多呢？

（6）从问题的表述看，教师们是更关注实践操作还是理论提升呢？

（7）从问题的表述看，教师们所提的问题更深入了吗？

其次，需要教研组长对所获得的问题进行分析、整理和诊断，研读问题背后可能存在的原因，问题的分类情况，综合反映的核心问题等，必要时需要与教师就其提出的问题再次进

---

① 孙继伟：《问题管理——简单而有效的管理经典》，北京：机械工业出版社，2006 年版，第 7 页。

行面对面的了解和询问,以便进一步明晰问题提出的背景和缘由,准确地把握问题。

（1）教师们提出的问题大致可以分成哪几类？哪一类问题最多？

（2）每一类问题可能是基于什么原因或者背景呢？

（3）这些问题是否具有教师年龄层次等方面的差异呢？

（4）对教师的问题,哪些问题我还需要再进一步了解和探询的？我可能会采用哪些方法呢？

（5）在这些问题中,我发现它们共同的核心的本质问题了吗？

（6）教师们反映的核心的本质问题,跟我发现的问题有差异吗？

（7）在这些核心问题中,哪一类是亟须解决的？

在分析、整理和诊断问题过程中,教研组长可用以下方法获得核心问题、典型问题。

（1）"由表及里"法

"由表及里"法是指教研组长在梳理诊断问题过程中,从系列事件或问题中提取存在的共同特点或问题,获得核心问题的方法(见图4.3)。

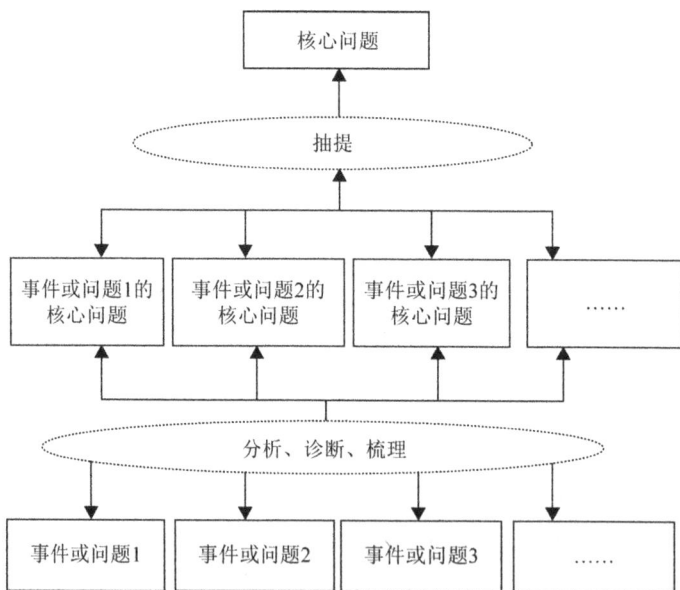

图4.3 "由表及里"法

事件或问题：指教研组长在教育现场中看到的或者收集到的教育现象或者问题,是客观存在的,具体的,如一个教研展示活动等。

事件或问题的核心问题：指透过具体的事件,经过分析或者诊断梳理,分析出来的本质问题。

事件一：教研展示活动"认识长短"。

教师的分析诊断和梳理：教师们发现在引导幼儿学习"长短"的过程中,教师本身对

"认识长短"的本质意义是什么缺乏深刻的领悟,缺少"长短的比较是相对的"这样一个理念。事件或问题一的核心问题：教师在备课中没有吃透教材。

事件二：在一次教研活动中,在教师们看完大班语言活动视频《高老鼠和矮老鼠》后,收集到教师们提出的以下问题：

> 教师 1：是否放在中班更合适,因为内容较简单。
>
> 教师 2：《高老鼠和矮老鼠》这节课的目标没有落实,设计的活动并没有体现目标,而且故事内容感觉更适合中班孩子,这样的问候语对大班的孩子来说过于简单。
>
> 教师 3：《高老鼠和矮老鼠》可以放到中班第一学期上,就会有跳一跳就够到的成就感。
>
> 教师 4：把《高老鼠和矮老鼠》课程放入大班主题《亮眼睛看世界》中,一定有它的理由,但是从实际活动看,这样的活动好像过于简单,那么怎么做才是具有价值点的呢？

教师的分析诊断和梳理：教师们对《高老鼠和矮老鼠》作品本身体现的价值点的把握存在着不足,其实作品《高老鼠和矮老鼠》反映的一个核心价值点就是引导幼儿全方位多角度地看问题,看到更多的事物,获得更多的快乐,就能感受世界是如此的多姿多彩,而不是如作品中所说的"高老鼠只能看到高的事物,矮老鼠只能看到低矮的事物"。如果把握了这个核心价值点,那么此活动放在大班开展自然有它的价值和理由。

事件或问题二的核心问题：教师本身对教材的理解上存在一定的问题。

两个事件反映的核心问题："如何吃透教材"。

(2)"以点引面"法

"以点引面"法即核心问题或典型问题由一个事件(一种现象、一个小问题)获得和引发,然后再利用多种途径寻找同类问题,来验证提出的核心问题或典型问题是否具有普遍性,确定核心问题或典型问题提出的必要性(见图 4.4)。这里的"点"即一个事件或问题；"面"即核心问题或典型问题所反映的普遍性,具体为一系列具有相同问题的事件或问题。

例如：在区域活动"手工角"中,教师引导幼儿进行剪纸活动,教师提供了很多的广告纸、水彩笔等,在活动中观察发现："手工角"很乱很脏、纸屑一地,桌子上满满当当,水彩笔横竖乱放、广告纸杂乱无序,幼儿每一次拿材料时翻来翻去等等现象。这引起教研组长一连串的思考。教研组长结合背景询问,获得初步的问题,同时在以后的区域活动观察中以关注类似的问题为主,发现这种现象较普遍,于是梳理和获得相应的核心问题。(见图 4.5)

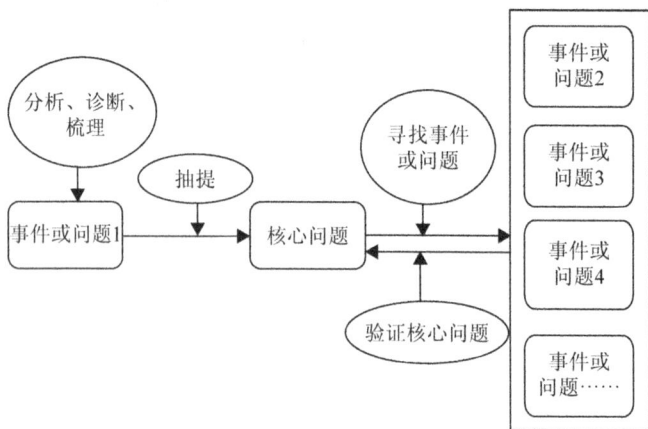

图 4.4 "以点引面"法

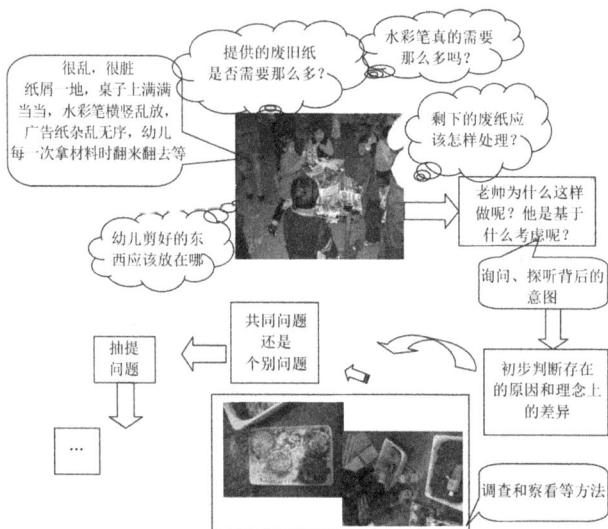

图 4.5 以手工区为例用"以点引面"法抽提核心问题的过程

（3）"欲擒故纵"法

"欲擒故纵"法即在教师们没有觉察到问题存在的情况下，教研组长发现了问题的端倪，但教研组长暂时不急于解决，而是先放一放，有意识地让教师们身边相似的问题更充分地暴露，然后安排能反映相似问题的教学展示活动或有意识地提出相关的问题等，再抽提问题。

"欲擒故纵"法借鉴了问题管理中的"补锅原理"，即"补锅者通过敲打、试探，发现潜在的缺陷，让潜在的问题都暴露出来，然后采取比较彻底和完整的措施"①，同时也有"怕

———————

① 孙继伟：《问题管理——简单而有效的管理经典》，北京：机械工业出版社，2006年4月，第29页。

对问题的重视程度不够,干脆把裂缝搞大,重视这一修补"[①]这一层意义。

"欲擒故纵"法有利于充分地暴露问题,使教研组长更充分地把握问题的实质,能让教师们观察到存在的问题,感受到问题解决的迫切性和一致性,有积极解决的动力,教研活动也更容易获得教师们的认同和参与。

（4）"外脑借用"法

"外脑借用"法即教研组长面对纷繁的问题,难以分析、整理和诊断出核心问题或典型问题之时,可以聘请专家来园帮助诊断和确定,以获得核心问题或典型问题,即所谓的"旁观者清"。

这里提到的专家可以是从事理论研究的教育工作者,也可以是在某一方面有着专长或深入研究的幼儿园工作的实践者。

"外脑借用法"要求在聘请相关专家时,所聘专家要对本幼儿园的实际情况非常了解,以便能够及时准确地把握核心问题。

4.1.3 问题的利用能力

问题的利用能力是指教研组长把获得的核心问题作为切入点,纳入教研活动的研究范畴、研究对象或者研究目标,在教研活动中加以利用的能力。教研组长问题的利用能力体现教研组长对问题的资源性认识,实践教研活动的问题性和现场性的表现。

教研组长需要把问题拓展成为教研活动的内容,把蕴含着核心问题的教育事件或者问题直接作为教研活动的内容,引导教师讨论。

4.1.4 问题的解决能力

问题的解决能力是指教研组长能够根据问题的背景和可能存在的原因进行分析,运用有效资源,创意性地提出相应的策略,解决问题,指导实践的能力。其中还包括通过教研活动,引导教师认识问题、了解问题、分析问题、获得策略的过程,指导实践,同时引导教师们经历问题解决的过程的能力。教研组长不仅要让教师获得问题的策略,还要帮助教师感受经历问题的过程。

教研组长的问题解决能力主要表现在利用周围资源的能力以及自身良好的思考和研究的能力。

利用周围资源的能力是指教研组长在问题解决过程中,对自己存在疑惑或者不能解决的问题,能够主动寻找相应的路径,获得帮助。如"专家指点"策略,根据问题的性质、内容询问周围相关专家;"教师教教师"策略,利用教师的实践知识进行互助互学等。

自身良好的思考和研究能力在教研组长问题解决能力中起着关键作用,因此教研

---

① 孙继伟:《问题管理——简单而有效的管理经典》,北京:机械工业出版社,2006 年 4 月,第 30 页。

组长应该做一个"先行思考者",有视角,有观点,有策略,有创意,有理有据,深入浅出。但是,教研组长在解决问题中,会出现问题解决的"浅层现象",即问题的解决只是停留在问题的表面,缺少对实质问题的解决。有的教研组长缺少问题解决的思路以及相应的策略,在组织教师讨论过程中,教研过程被缩减,缺少"思路"的展现过程,造成教研活动对教师"思维过程"的影响有限或使教师们学习受阻,这些都影响了教研活动的成效。

教研组长的问题解决能力受到教研组长本身的知识结构和思维能力的影响,因此,需要教研组长在不断地学习中,提升自己的专业素养,不断丰富自己的知识结构,提高问题的解决能力。

在教研组长问题解决能力培养的过程中,可以这样反思:

(1)我是如何看待所抽提的问题?

(2)对这个问题,我的观点是什么?

(3)我自己对问题还有疑惑吗?如有,我需要获得哪些帮助?准备怎样解决?

(4)我将通过什么方式来向老师们表达我抽提的核心问题?是通过案例还是现场展示或者其他方式?

(5)如果是通过案例进行问题展现,那么这个案例是否能够真正表达我所抽提的问题?

(6)要解决此问题,我还可以利用教师们身边的哪些资源?分别是哪些教师的?存在形式怎样?

(7)对这些案例,教师们的熟悉度怎样?

(8)这些资源我是否都了解?又将通过什么方式在教研活动中进行呈现?

(9)在引导教师讨论问题解决的过程中,教师们可能还会存在什么想法?我又将如何进行吸纳和引导?

(10)在问题解决过程中,需要专家或者其他有经验的教师参与到本次活动中来吗?

当然在培养教研组长良好的问题管理能力形成方面还需要注意的是:

首先,要注意"抓大放小"的原理,教育教学中的问题会很多,教师们水平不一,问题各异,教研组长在问题管理中不可能面面俱到,大小问题一把抓,因此需要抓住最关键的、核心的和急需解决的问题,要不会很被动。

其次,同时面对各异的问题,需要采取多种形式进行解决,如有的用小组教研解决,有的通过个别交流解决等。

最后,教研组长的问题管理能力的培养,需要组织支持,保证教研组长问题管理能力的形成具有一种外部的长效机制,如建立问题收集制度,形成全体教师积极的问题意识和氛围,激励具有良好问题管理能力的教研组长等。

4.2　知识管理能力

知识管理的概念最早出现在企业。从 1958 年波兰尼（Polanyi）提出显性知识和隐性知识的概念之后，许多研究表明：显性知识犹如冰山露出水面的那一部分，容易被人感知、看得见、方便传递；而隐性知识犹如冰山隐藏在水下的那一部分，不易被人感知、高度个人化、不宜传递。但是更有价值的却是隐性知识而非显性知识。因此，在知识管理中，如何对隐性知识进行挖掘和利用成了管理的重点。

教师知识是教师从业的基础，其丰富程度直接决定着教师专业水平的高低。很多专家对教师专业发展的知识做了许多的探讨和研究，有许多不同的分类，但是一致认为：教师实践知识是教师知识构成的核心，是教师专业成长的主要力量。

教师的实践知识是教师在具体的实践中，面对不同的教育情境所形成和积累的独特的、具有个人特征的策略知识，俗称"个人教学经验"。所以说一个教育经验越丰富的教师所拥有的"实践知识"也就越丰富。但是教师的实践知识隐藏在具体的教学事件或情境中，不易被人感知和学习。因此，如何将教师的实践知识从"幕后"走向"台前"，从隐性转化为显性，促进教师实践智慧的累积、有效地推动教师专业成长，就成为教师知识管理的目标。

就园本教研本身而言，"同伴互助"是园本教研的要素之一，那么，在园本教研活动中，"同伴互助"指什么？是如何互助的？是通过什么方式实现互助的？在互助的过程中，是什么起到了关键作用呢？园本教研实现"同伴互助"的主要因素就是瞄准了"同伴"身上具有的大量的鲜活的实践知识，这种鲜活的实践知识不是专家所具有的，是教师们在大量日常的实践中，不同情境下，积累的难以用语言进行表达的知识。因此，教师已有的丰富的实践知识成为园本教研的，是构成基础学习共同体的源泉。同时通过园本教研这一平台，利用对话、教师间进行知识共享、创造新的实践知识，获得彼此成长，这是不断丰富教师的实践知识、不断生成新的实践知识的过程，是园本教研开展的最终目的。

因此，教研组长在开展园本教研活动时，需要了解教师们身上丰富的个人实践知识，以此为资源，在对话中实现共享，和教师们一起解决相应情境下的问题，创新知识，真正实现园本教研的大众性、成长性和变化性，这符合知识管理的过程（知识管理是以知识（包括隐性知识）为对象，对知识的获取、生产、分配和使用的全过程进行管理[①]）。

教师个人丰富的实践知识，由于其特殊性，并不会自动显现，而是需要通过一定的机制激发，通过一定的手段使其显性化，通过一定的平台进行共享，才能真正纳入团体

---

① 张海英：《知识管理中隐性知识的开发和利用》，《情报科学》2002 年第 6 期。

学习的视野,才能有目的、有计划、有效果地在园本教研中发挥作用,而这个过程就需要教研组长运用知识管理的理念,进行有效的管理,让教师的知识流动起来。正如学者姜勇所说:"个人理论的实践智慧只能通过知识管理而被分享。"①

但是,就现状看,知识管理在幼儿教育界还比较陌生,从文献看,只有少数专家提出过相应的概念,在园本教研实践中提出开展知识管理的几乎没有。因此,目前的幼儿园知识管理的状态主要表现为以下几点:

(1)知识管理的意识欠缺,对教师实践知识的忽视以及对园本教研认识的欠缺。

传统理念中,认为教师就是"教书匠",是知识传递的"中介者",忽视了教师本身是知识的创造者和创新者,忽视了教师个人理论和个人知识,因此很多幼儿园的管理者没有知识管理的意识,对教师实践知识和智慧较为忽视。在这种大背景下,以往的教研活动更多的只是"传递"书本知识,教研组长也成为知识的简单的发布者。

同时,根据作者对部分幼儿园教研组长的访谈调查,发现教研组长对"园本教研"的认识存在着"重视园本教研文字的阐述,缺少对园本教研背后的理论支持和本质理解"的现象,如90%的教研组长虽然知道"园本教研是基于幼儿园,为了幼儿园,在幼儿园中的教研活动方式",但是,有95%的教研组长"不知道"或者"不清楚"园本教研的实质和条件,如"教师参与的主要的形式和内容""教师个人的实践知识在园本教研活动中的作用是什么""如何激发教师个人实践知识运用到园本教研活动中来"等,一概"不知道"。可见,教研组长对园本教研本质理解的欠缺,影响了园本教研的开展,表现出教研组长在园本教研中对教师丰富的实践知识的忽视和缺少有意识的管理。

有的幼儿园有一些知识管理的行为,但是属于"无意识地执行知识管理"②。这个观点说明:首先,"无意识"现象表明幼儿园对"知识管理"比较陌生,没有从理论的高度去了解和认识知识管理的重要性。其次,"执行"表明幼儿园有知识管理行为的产生,如在幼儿园经常开展的"大家论坛",让有经验的老师讲讲"教育心得",推进知识的分享;开展"师带徒""新老结对"等活动,在具体实践中感知优秀教师的实践知识;开展"案例观察"、撰写"教养笔记"等活动,将教师的实践知识转化成可以传阅和看得见的显性知识。

(2)"保护墙"阻断"知识流通"。

知识管理的过程需要拥有被人所需要的知识的个人,即知识的传播者,他对教师进行有目的的引导,让他们有效开放、贡献个人实践知识。但是,在开展知识管理过程中,教师存在着"自我保护"的现象:如有的认为"贡献突出自己教学风格的'法宝',使自己没有'核心'的东西";有的认为"我给了别人,我能从别人这里获得什么呢?这好像不公

① 姜勇:《教师知识管理新趋向:从个人知识到团队知识》,《外国中小学教育》2005年第11期。

② 岳亚平:《幼儿园知识管理现状调查与分析——以幼儿园团体学习为背景》,《幼儿教育》(教育科学)2009年第26期。

平"；有的认为"共享个人经验，反而引起同事的诸多不满，特别是一些失败的经验，容易让别人看不起"；还有的认为"我又不是教学最好的，要贡献还是教研组长等多贡献一点"等。这些"保护墙"的存在，就如一座"壁垒"，阻断了"知识的流通"，影响了知识管理的共享。当然这些表现主要是由于缺少信任机制和激励机制造成的。

（3）"氛围"影响"共享"。

知识管理是一个需要不断研究和探索的领域，正如以上所说，知识管理的过程是需要每一个教师不断认同的过程，不仅需要知识传播者的"倾情贡献"，还需要"知识接收者"（需要从组织中其他人那里获取知识的人）"热情回应"。但是，由于有的教师对他人提供的信息质量存在怀疑，因此，对知识的接受往往"踌躇不前"，最典型的是当教师面对众多的信息时，有的教师，特别是新教师，往往会说："哈哈，园本教研中大家你说我说，听听似乎都很对，但是不知道该听谁的，郁闷！"因此，在这种情况下，教师会拒绝接受把相关的信息整合到自己的知识结构中去，而是通过自己的努力开发新的知识。

在执行知识管理的过程中，教研组长需要进行系统的考虑和策划，在自己的能力范围内，协同组织力量，进行逐步影响，建立"知识管理"的理念，形成全园上下"共享"的氛围，逐步引导教师从"封闭"走向"开放"，共同提高园本教研的效用，否则，效用有限。

因此，对知识进行有效的管理成为园本教研背景下教研组长面临的新问题和能力要求。根据 L.Nonaka 和 H.Takeuchi 描述的四种知识转化模式，我们认为，教研组长的知识管理能力应包含以下几个方面：对教师实践知识的挖掘能力、对实践知识的共享能力，以及对实践知识创新的支持能力。

4.2.1 挖掘能力：将教师实践知识外化的能力

挖掘能力就是教研组长运用一定的方式和方法，引导教师将实践知识（一种难以用语言进行表达的，具有一定复杂性的隐性知识）显性化、编码化，转化成易于传递的"明确的信息"，有利于成员间共享，也就是运用一定的方法将教师实践知识进行外化的能力。教研组长善于挖掘教师隐性知识的能力为开展教师间知识共享做了必要的准备，也有助于教师通过自我反思，梳理个人实践知识，为形成实践智慧奠定基础。

将教师实践知识外化的方式主要有：运用"走动管理"帮助教师把实践知识外化，通过撰写"我的教育故事""观察分析"等方式把实践知识"写"出来，通过"集体备课""说课"等方式引导教师把实践知识"说"出来。

（1）"走"出来，即教研组长主动与教师接触，通过"干中学""会谈""调查"等方式获得教师实践知识的方法。这种形式称为"走动管理"。"干中学"是教研组长主动和经验丰富的教师共同学习和工作，在与教师的"平凡接触"中，感受教师独特的实践知识，然后教研组长通过努力转换，把其观点和意象表达出来，犹如"传帮带"。当然，这类知识转换的是隐性知识中关于"知识怎么做"的知识；对"知道是谁"的知识，则是通过"会谈"或者

"调查"等方式,在与教师的日常接触中、对话中挖掘教师的实践知识。

(2)"写"出来,即引导教师将自己的实践知识通过文字进行表述,转化为显性知识。对教师来说,是对自己具体的情景和实践的反思。"写"出来的方式具体有撰写"我的教育故事",或者教师撰写"观察分析"等。

撰写"我的教育故事"就是引导教师讲述自己的教育故事,展现他们的教育经验和教育倾向等,即用叙事的方式来实现对实践知识的外化。"叙事是教师的'特长'"[①],教师每天的生活都是一个个的故事,这些故事不同程度地蕴藏着教师的实践知识,包含着教师对教育的独特理解,具有个人意义。教研组长引导教师做一个有心人,抓取实践中的点滴瞬间,捕获有意义的片段,构成一个完整的故事,表述带有个人风格的实践知识。撰写"我的教育故事"能够使教师更加关注日常实践,使教师成为一个反思性实践者,不断梳理教师的实践知识,从而转化成实践智慧。

撰写"观察分析"就是引导教师以日常的教育教学实践为对象,用"白描"的手法,通过观察所获得的真实的片段摆出自己在教育教学实践中的问题或现象,然后对问题进行聚焦,思考"这些现象说明了什么",分析其原因,提出相应的对策,纠正或总结自己的教育实践,使之更趋于适宜性或依据性。撰写"观察分析"可引导教师通过反思实现对教师实践知识的外化。

(3)"说"出来。引导教师将实践知识用语言表达的方式说出来,变成明晰的、可以感受和理解的外显知识,实现外化。

——在"说课"活动中"说"出来,实现知识的外化。

"说课"活动是教师在活动前或者活动后将活动设计的缘由、背后的依据向同伴或者其他人进行合理阐释的活动,体现了教师的自我监控过程。这不仅是教师的教学经验和体会,更重要的是体现教师的自我监控和调节的水平,是教师的教学理论和素养的表现。

"说课"活动包含了说设计意图、说教材、说教法和学法、说过程。在"说课"的过程中,可以倾听到教师对活动设计的思考和他所支撑的理念,如从教师的设计意图中可以领略到教师对教材选择的要求和标准,是关注幼儿还是凭借自己的喜好,内容的来源是预设而来还是在活动中生成的,体现了教师的教育机智。在"说"的过程中,教师坚持"以学定教"还是"以教定学",是否发挥孩子的主体性,给予一定的空间设计还是教师高控制等等,这就是教师实践知识的外化过程。

——在"集体备课"中"说"出来,实现知识的外化。

"集体备课"指的是借助集体的力量,利用同伴互助的形式,在教师个人钻研的基础

---

① 邓友超:《教师实践智慧及其养成》,北京:教育科学出版社,2007年版,第155页。

上，通过集体研讨的方式，对教师备课中出现的共性且个人不能解决的问题进行讨论和研究，优化教育教学活动，促进教师专业成长的一种教研活动方式。"集体备课"可以实现答疑解惑、资源共享、共同提高的目标。"集体备课"让教师的实践知识外化，主要表现在：首先，集体备课是在个人备课的基础上的一种教研活动，因此，教师个人需要"先行思考"活动的设计，同时需要把这种"先行思考""说"出来给同伴听，即具有"说课"的性质。其次，讨论是"集体备课"的关键环节，讨论的过程就是教师们的对话过程，互相交流、共同辩证和澄清，也就是不断地梳理实践知识的过程。第三，"二次备课"是"集体备课"中常用的跟进形式，即在集体讨论的基础上再次对备课的内容进行修改或调整。"二次备课"的过程就是教师把自己的实践知识再次进行外化的过程。可见发挥"集体备课"应有的功能，可以让教师将实践知识"说"出来，实现知识的外化。

4.2.2　形成知识共享的能力：打造教师共享的空间和氛围

知识的分享是指教师个体能够互相交流彼此的知识，使知识由个体的经验层面扩展到整个团队甚至园所，使教师能够拥有更多的解决问题的经验和策略，积累实践智慧，促进教师的专业发展，提升幼儿园核心竞争力。

鲍勃·博克曼认为：90％的知识管理以及成功是建立在鼓励知识分享的文化氛围中的。组织理论甚至提出了"分享知识就是力量"（sharing knowledge is power）来取代弗兰西斯·培根的"知识就是力量"（knowledge is power）。知识的分享是知识创新和发展的基础。可见，知识分享在知识管理中的重要性。

知识分享的规律性表明：从个人隐性知识走向团队的分享行为，是通过"人到人"的方式进行的。因此，教研组长应该在园本教研开展过程中，在感受知识共享重要性的前提下，利用可能的条件，创造"人与人"的交流互动空间，实现教师知识共享的"无障碍"通道，使"知识共享有益于组织和个人的发展"这种理念得到教师的认同，并使教师形成知识共享的自觉行为。

（1）创造知识共享的氛围和良好的支持环境。根据达尔波特（T.Davenport）和普鲁萨（L.Prusak）提出的团体内知识分享的三种条件：互惠、名声和无私心态[①]。教研组长在教研活动中需要创造知识共享的氛围，如引导教师明确知识共享有利于自己，也有利于大家的"互惠心理"；引导教师形成知识共享的"安全心理"，知识共享不仅展现自己的智慧，得到群体的认同，同时所共享的知识的"专有权"是属于分享教师的，其他教师可以实践，但是另有他用需告知分享教师；对善于参与知识共享的教师进行多种方法的鼓励和给予团队的认可等，形成"乐于共享"的氛围。同时，教研组长需要获得幼儿园组织的支持，特别是需要通过制度，积极建立教师知识共享所需的信任机制和鼓励机制。

---

① 达尔波特·普鲁萨：《知识管理的挑战》，《新华文摘》2000 年第 8 期。

（2）提供对话的互动框架。"隐性知识具有模糊和情景性,具有强烈的内部黏性(internal stickiness),获取它的完整意义需要知识共享的双方积极地交流和不断地试验与反馈,面对面的对话交流是非常有效的方法。"[①]因此,教研组长在引导知识共享的过程中,要加强园本教研的对话机制,提供互动框架,以便引导教师进行面对面的交流,在交流过程中实现知识的共享。这种互动框架是以"交流、讨论"为主要特征的,如沙龙、"我说你说"、论坛、说课和评课等。有的幼儿园还可以借助于网络平台,开设网上论坛、博客等,提供共享平台。

4.2.3　引导创新知识能力

知识具有一定的生长性,合理而有效地开展知识管理,可以使现有的知识产生更大的作用,创造新的知识,实现组织和个人知识价值的最大化,这是知识管理的魅力之一。

因此在教研活动中,交流和讨论不仅是交流经验,更重要的是在对话过程中生成新质。"教师的经验性学习首先就是扬长避短,其次就是生成新的经验。"[②]可见,教研组长在引导教师进行知识共享的同时,还需要具有引导教师创新知识的能力。

经验要有选择,因为经验的特定情景性,并非都是具有一定的学习价值。因此,在知识共享中,教师的经验学习可以说是提供了教师经验学习的可能性。因此,教研组长要引导教师在知识共享中善于反思,在反思中领悟经验的意义,批判地吸收,不断地内化到自己已有的知识结构中,丰富自己教育实践经验的同时,不断提高自己的监控水平,创造新的知识。同时引导教师更多地走向实践,把经验用到实践中,不断丰富和产生新的实践知识,形成知识转化的螺旋上升态势,感受创新的乐趣,走上创新知识的幸福大道。

4.3　过程管理能力

【案例 4.4　教研组长们的困惑】

教研组长 1:教研组长要会"放"和"拉",将问题抛出,又能及时拉回,要不在"研"讨的过程中,往往容易越扯越远。

教研组长 2:教研活动中如何调动教师参与的积极性,如何进行反思、促进提升?

教研组长 3:教研活动的开展对组长的要求越来越高,需要我们好好地"备课",那么把问题转化为教研的内容或者解决目标,有什么窍门呢?有时候一个教研活动时间太短,又怎么办?

---

① 宋建元、陈劲:《企业隐性知识的共享方法与组织文化研究》,《技术经济》2005 年第 4 期。

② 邓友超:《教师实践智慧及其养成》,北京:教育科学出版社,2007 年版,第 158 页。

以上教研组长们的困惑是教研组长在教研活动开展过程中现状的真实反映。园本教研对教研组长提出了更高的要求。

教研活动的开展过程是一种艺术的开展过程，通过教研组长艺术的开启、把握、引导，激发教师参与的积极性、主动性，形成积极对话的氛围，建立良好的学习共同体，提高教研成效。在这里，教研组长既是主持人，又是引导者；既需要事前的预设，又需要发挥机智，注意活动中教研内容的生成；既需要群体参与，又需要有的放矢……总之，高效的园本教研活动需要教研组长强有力的过程管理能力的支持。

教研组长的过程管理能力是多方面的，主要包括教研组长形成氛围的能力、教研策划能力和教研引导能力。

4.3.1　形成氛围的能力

影响教师参与教研活动的方式有许多，如教研活动的内容是否吸引教师参与，教研活动的形式是否保证教师参与等等，从参与角度讲，这些都是形式上的参与，让教师真正参与教研活动，应该实现人际上的参与，让心灵进行对话。

但是教师在参与教研活动时会出现以下几种情况。

"沉默不语"型。在教研活动中，有些老师即使有自己的想法和意见，也不发表言论；面对别人对自己活动的疑问，总是"虚心"地接受，"是是是"，"对对对"，"照单全收"。这种类型的老师在教研活动中总是怕自己"伤害"别人，带来不必要的麻烦，想"省点事"，奉行"沉默是金"的策略。

"不痛不痒"型。在教研活动中，个别教师的发言似乎非常踊跃，但是其发言总是在"绕"着走、"顺"着说，如教研评课中尽说"好话"，"我觉得她的教态很好"，"我觉得她很有想法，效果很好"等是这类老师常用的话语。在剖析自己时，尽"顺"别人可能的想法说，不触及本质的问题，如"正如大家所说的，确实在这方面我很有问题，可能没有考虑到"。对教研组长提出的"你当时是基于什么考虑设计这样一个环节"的时候，会用"我当时也没有想那么多"来回答。对于自己的疑问和可能存在的问题则只字不提，教研活动似乎成了"表扬"活动或者"面上功夫"。

"一扣一回"型。在教研活动中，面对教师们的提问或自己的不足，有的教师总是有理由加以反驳，就如打乒乓球，一来一回，总能加以反击。这种不加以思考就反驳的老师，往往比较主观，在教研活动中也比较常见，这种"一扣一回"，让别人觉得很难与其沟通，也会影响其他教师的参与和开放氛围的创造。

"有话不能说""说话言不由衷""说话总有理"的状况，影响着教师之间的对话，制约着教师的参与以及教研活动的深入。让人感觉他们前面总有那么一堵"墙"，其实是教师给自己设置了这一堵"墙"。教研组长在教研活动过程中要努力摒弃这种现象，帮助教师走出这种"困境"，引导教师进行"自我暴露"，以更开放的心态，共同营造开放的环境，引导教研更深入地进行。

（1）教师的"自我暴露"：让教研更开放和有效。

"自我暴露"指在教研活动中需要教师让教育行为背后的最初和最本质的想法和思考从"幕后"走向"台前"，从内隐走向显性，从"冰下"浮出，"拿出来晒一晒"，便于在教研活动中更准确地了解教师的理念、状态、能力和思考力，把脉问诊，为推动教师成长服务。因此，引导教师进行"自我暴露"就是引导教研活动从表面的交流走向更深层次的探讨，从"封闭"走向"心灵开放"，提升教研品质。

引导教师进行"自我暴露"是一种反思式的开放，不断地挑战教师自己的思维，把假设表面化，然后让这些假设接受公众的批评，倡导"笑对拷问"，真正实现"快乐教研"和"意义教研"。

引导教师进行"自我暴露"的核心是进行反思式探询，进行一种深层次的对话和交流活动。探询是探讨询问之意，在不断的互问和交流中，产生新的观点，学习处理和解决一些复杂的教育事件，而不仅仅是形成一些共同的取向。

引导教师进行"自我暴露"是倡导教研自主的氛围，一种"追根究底"、"诚实面对真相"和"广泛接纳各种意见"的文化，开拓一种新型的生活方式。

但幼儿园的团队文化、教师自我认识、教研习惯和教师间的人际关系等不同，都会影响到"自我暴露"的深度和广度，并不是每一个人都愿意"自我暴露"。因此，作为教研组长要使出"浑身解数"，让教师们的内部思考变为"出声的语言"，让"自我暴露"成为一种习惯和教研的重要方式，把教研活动引向深入。

（2）引导教师进行"自我暴露"的"破冰"策略。

"破冰策略"是从"冰山理论"引申而来，旨在通过教研活动，打破冰层——心理防线，把教师教育行为背后的教育思想、理念等支撑性的内隐的思考展现于公众面前，即由原来的"冰山下"隐性知识（默会知识）"浮出"，成为一种显性的知识，而这种"浮出"的过程称为"破冰"的过程。引导教师进行"自我暴露"的"破冰"策略主要有：

——吸引参与。参与是一种开放，参与体现教师是教研的主体和主人。教研活动形式、活动内容、活动价值等都是吸引教师参与的重要因素。在教师愿意参与的状态下，让他们"敞开心扉"，建立更广泛和深入的交流。因此，在吸引教师参与的过程中，注意让教师以不同的能力参与，即实行"个性化管理、差异化教研"。如在教研活动中，新教师就看到的教育现象进行简单分析，5～10年教龄的教师需要用案例进行碰撞说明，10年以上教龄的教师需要用一定的理念解释行为，实现"行动中的理论"。其次，教研的内容和形式应吸引和方便教师们的参与，如"教师各取所需的互导小组""教研超市"等都因为内容是教师们所需的而受到教师们的欢迎。

——建立伙伴。平等互助是教研活动开展的基本条件，建立教师间的"伙伴关系"，体现了教研活动过程中的"平等互助合作"，为教师的"自我暴露"创造一种安全的心理环境，有利于形成成员之间良好的关系氛围以及消除讨论过程中由于差异带来的障碍，使教师能"安全述说、放心袒露"，真诚地接纳各种不同的声音。

同时，在教研活动中建立一种"工作伙伴"的关系和理念，让教师们把以往认为的"反对者"看成是"意见不同的伙伴"，愿意发出不同的声音和"暴露"问题，让彼此的思维进行不断的补足和加强，真正发挥伙伴力量。如以往的评课活动，一直难以改变"评课活动变成'批斗会'"的现象，于是，在教研评课中，除主题式讨论之外，要求对所研讨的问题结合自己的教学情况，每人都必须以案例进行回应。评价对象从执教教师的活动，拓展到每一个参与教师的教学情况，减轻执教教师的压力，意见成为"我们"共同的存在，真正感受"工作伙伴"的那种平等、快乐。

对教研组组长来说，保持对话的通畅和有效，与教师建立"伙伴关系"，需要注意不以自己的身份屏蔽教师的讨论和发表的看法，摒除"专业权威"和"岗位权威"现象，充分认识到教师们都有自己独特的智慧，他们是与你在共同研讨。

——用心聆听。深层次的交流是一种特质的交流，需要教研组长搁置自己的观点，进行深层的聆听，访问和探索教师们的心智模式，把握教师们描述教育事件背后的思考方式、思考习惯、思维风格和一定的心理素质。因此，听也是组织教研活动的一种技巧和方式，是引导教师"自我暴露"的信息来源。

在教研活动中要给予教师述说的时间，让教师畅快地表达观点。杜绝"匆匆而过"和随意打断的现象。在教师述说和交流时，要用心地聆听和捕捉信息。有时候，面对教师的陈述，教研组长往往会出现思想的"游离"，或者"糊里糊涂一片"，错失了相关信息。

——"悬挂"假设。即先把自己的假设"悬挂"在大家面前，以便接受其他教师不断的询问和观察，察觉和检验"假设"。在教研活动中，教师们的观点或者策略更多的只是出于一种"假设"，是根据教师的经验进行推断或者预测的，因此看法并不完全是以事实为依据的。如在教研活动中，有的教师常常坚持认为自己的观点就是对的，努力为自己的观点进行辩护，对别人的质疑或问题视而不见，这是一种典型的避免"悬挂"假设的做法，它会使深层的讨论中止。如在"区域空间设置"探讨中，一位教师对其他教师的"利用橱柜边缘进行立面操作"的建议以"这必须挂卫生卷纸"等一一回驳，造成活动没法继续的现象。另一位老师则采取完全不同的态度，"我今天把我的区角拿出来'晒一晒'，大家多提提意见"，于是对区域设置的层次感，如何补足橱柜的不足，如何使区域空间设置具有舒适感等，教师们各抒己见，问题解决得也非常彻底。

——叩开"心门"。即用探询的方法探出自己对问题的看法和问题背后的推理过程，并鼓励大家这样做。这一方法包括了以下几个方面。

"破墙"。即打破"隐形墙"，消除教师的"四种防卫"心理：为了保护自己，不提没有把握的问题;为了维护团结,不提分歧性的问题;为了不使别人难堪,不提质疑性的问题;为了使大家接受,只做折中性的结论。教师设立保护自己的"隐形墙","以我为中心",影响团体智慧的发挥,影响讨论的深入,不能触及讨论的本质。如在以往的教研评课活动中,教师们说得最多的是"我觉得她的教态亲切""我觉得准备充分""教师的选材很好"等无关痛痒、不着主题的评价,这就是一种"防卫心理"。于是,在倡导"教研活动就是研'问题'"的理念下,运用"小纸条""金点子教师""论点'较量'"等活动,引导教师大胆质疑,积极进言。

"深挖"。坚信一定的行为背后有一定的动机,相同的教育行为背后不一定有着相同的动机。因为每一个人的学习经历、学习拥有量、经验等心智模式都不一样,每一种行为都是教师"个人意义上的理解"。因此在教研活动中,不同的教师对产生的同一种行为有着不同的理解模式。为控制娃娃家的人数,教师们更多地运用"对鞋印"的方式,参与活动的幼儿把自己脱下来的鞋子放在地面粘贴的鞋印上,放完为止。但有两位教师却用5个小纸盒各堆了一个小"鞋柜",问及原因,理由却完全不一:一位认为"贴鞋印"的方式虽好,但活动中易使鞋子乱作一堆,鞋柜不仅能解决这个问题,又能控制人数;另一位则说是"无心插柳",本想用纸盒作隔离,无意中发现可把鞋放入其中。可见一位是基于对现状的反思而行动,另一位则不是,表明了在这个问题上两位教师的不同思考程度。

"穷追"。用"问为什么"的方法,不断地对观念提出者的观念提出"为什么"。研究表明:这种方法一般要经过"六次追问"才能真正实现教师的"自我暴露"。对刚进入大班的幼儿,以"小猫钓鱼"的形式让孩子们学习"2＋4＝　""6＋8＝　"等算式,是因为教师们认为数学活动"寓教于乐"是好方式。于是教研组长提出了一连串的问题:如"在活动中,为什么孩子一边钓鱼,一边掰手指头";"从记录结果看,为什么孩子并没有把诸如'6＋8＝　'的算式进行记录,而实际他已经钓了这条鱼";"这些现象告诉我们什么""对教师来说,教师的'支架'应该是什么"等。教师最后认为:"自己本来并没有考虑这么多,只是为了充实区域材料而已。"从中可以看出,在区域材料投放中,教师们"拿来主义"多,较少从孩子的学习目标出发来投放材料,于是结合众多教师的现状,"让材料透射目标"成为教研活动讨论的主题。

"紧跟"。对教师"自我暴露"的倾向性、端倪或苗头敏感,并以此为切入点或突破口,"紧跟而上",开展更深入的探询。一位教师在完成小班综合活动《小鸡小鸡在哪里》后谈道:"此次活动,我感觉环节很多,一个一个的步骤,像在赶场,没有静下心来轻松的感觉。"于是主持人跟上说:"你认为你的'赶场'是什么原因呢?""活动设计过多,总想把它都说完。""少一点行吗?""那不是没有整合了吗?体现不出综合性了。"这就是问题的症结,说明教师对"整合"与"重点"等问题的认识上存在误区,对教研活动而言,帮助教师肃清相关问题就是教师的现实需要。

"严剖"。在引导教师进行"自我暴露"时，对教学事件或问题进行严密的剖析，通过严密的剖析揭开最后的"本质"。在"桌子进区域"的教研讨论中，有的教师始终认为不妥，提出了以下三个问题：a. 保育员很难搞卫生；b. 集体活动没有办法做了；c. 孩子比较分散，似乎脱离了教师的视线，不安全。于是针对这些意见，我们进行了"我们真的没有办法了吗？""困难，真的阻碍了我们的行动吗？"的大讨论，对教师们提出的每一个问题进行了"对策性"分析，最后，在"是什么阻碍了我们"的"自我评析"中，教师们写道："这些所谓的'困难'，其实只是我们一种'策略性的防卫'，真正的困难是我们的思想，我们没有意识到区域活动是孩子的主要学习活动"，"我们的固定思维，把我们'绊'住了"，"我们的眼睛没有越过集体教学这堵'围墙'"，"我们忽视了孩子这个主体，更多的是想着我们自己如何方便，丢失了我们工作的真正意义"等。于是关于区域活动首先进行的"思想的革命"就开始了，教师们认识到问题的根源，"行动的革命"也在悄悄地进行。

"细问"。把一个问题分解成若干个小问题，一步一步地进行多方位、多角度的提问，通过连续的提问，逐渐地接近问题的实质，暴露教师对问题思考的"原始状态"。在《吹泡泡》的教研研讨中，幼儿在记录选取何种洗涤剂配制泡泡时，出现记录过多的现象，针对这一点，教研组长通过"细问"的方式，引导教师表述设计记录表的最初意图："你的本意是让幼儿怎样记录？""选择两种洗涤剂进行配制并记录。""如果你是幼儿，在配制泡泡液的过程中，你会怎样记录？""我会把四种洗涤剂全部记录。因为表格设计中就有四种。""实际过程中，幼儿也记录了四种，因为记录表会'暗暗'地告诉幼儿，这说明表格对幼儿来说具有一种导向性。""为什么你最初要把记录表设计成这样？""为了给予幼儿选择权，因此设计四种，选取两种。"从以上对话中可以看出，教师设置记录表不合理的原因主要是对"幼儿自主选择"的理解上存在一定的问题。

在教研活动中，引导教师进行"自我暴露"是实现教研活动有效性的重要前提，也是建立良好互助的人际交往的重要保证。"打开天窗说亮话"，让每一位教师尽情地"自我暴露"成为园本教研活动中教研组长应该树立的目标和不懈的追求，也是实现园本教研最终意义的重要方法。

4.3.2　教研策划能力

园本教研通过创设和建立合作的同伴关系，在参与、对话和实践中推进教师专业化成长，因此对建设学习和实践共同体有着重要的意义。园本教研的核心是改造和重建教师生存方式和生存状态。正是因为园本教研特殊的地位和责任，在现实状态下，研究影响园本教研的因素，提高园本教研活动的有效性，打造学习型组织，形成良好的教研文化，提高教研活动的质量成为园本教研需关注和思考的问题。研究表明：对教研活动进行组织策划是促进园本教研有效性的重要因素。

教研活动的组织策划即"备"教研活动，指根据本园的教育现状和教师需求，结合教育发展状况,对教研活动进行预先设计和计划,提高教研质量,使教研活动成为教师学习的重要形式和场所,推动教师成长。对教研活动进行组织策划,有利于教研组长对教研活动进行系统思考和设计,让教研组长学会"三思而后行"将有助于改变现在教研准备欠缺、教研活动"匆匆上马",造成教研低效的现象,具体体现在以下几个方面。

走向"现场":策划可以使教研活动更具指导性,更多地走进教师的教育生活。如更好地关注教学实际,聚焦教育现场,利用教学现场,把教育现场作为园本教研的大背景和丰富的教研资源库,实现园本教研"从教育现场中来,又回归教育现场",使园本教研真正走向"平民教研"。

走向"明确":指教研活动的组织策划可以使教研活动目标明确,杜绝因教研活动的随意而造成"跑题"现象;教师的需要明确,使教研活动更具针对性,杜绝"无主题"演绎。同时,使教研活动具有生长性,实行教研推进,形成由若干个教研片断组成的系列教研活动,使教研走向深入。

走向"具体":在教研活动的组织和策划过程中,对教研活动的主题、活动方式、活动准备、教研活动推进节奏以及如何引导、如何利用现有资源等都进行预先的设计和策划,是对教研活动实施全过程的全盘细致的考虑,而不是"空中楼阁"式,或者是"抽象"化的。

走向"行动":教研活动组织和策划要注重教师参与点的设计(包括参与的内容和形式上的选用),让教师真正成为园本教研的主人。同时"走向'行动'"指教研活动以行动为本、回归行动,即体现"行为跟进"的教研策划特点。

走向"多元":教研活动的组织策划要注意多种特点的教研活动的建立,使教研活动成为教师们乐意参与、有所收获的,充满着特殊留恋的一种活动。

教研组长的教研策划能力是一种重要的能力,当然这种重要能力的构成涉及方方面面的要素,教研组长除了进行必要的培训之外,还需要考虑:如何探寻教师的真实需求,如何建立教师需求式的研训,在组织策划过程中如何进行教研活动的设计等问题。

(1)树立理念:关注教师需要的园本教研。

谈到园本教研,更多的会说到"教师面对的具体问题""教师为研究主体"等,这些说明了园本教研活动中教师的地位和角色,要使教师真正成为园本教研的主体,了解教师需要、关注教师需要就必须成为教研活动组织策划的首要因素。

同时成人学习理论认为,成人的学习动机主要来自于内部而不是外部,他们拥有认知需求,知道为什么学习,他们的学习需求与变化的社会角色有紧密的关系,讲求学以致用。因此,建立关注教师需要的园本教研理念是符合教师学习特点的,能激发教师参与园本教研的积极性,提高园本教研的质量。

关注教师的需要主要是指关注教师对教研活动的内容需求、选择需求、参与需求、获得需求、认同需求、归属需求和发展需求等，这些都是进行教研活动组织策划的起点。把握教师的需求成为教研活动组织策划的关键和瓶颈。但在目前的教研活动中，教研组长对教师需要的理解存在片面性、"把不准"，教师需要的"虚假性"，教师需要与教研活动脱节等现象，这些都影响了教研活动的有效开展。因此在园本教研活动中，需要通过多种方式了解教师需求，来开展关注教师需要的园本教研，实现园本教研的人本化。

● 关注教师，了解需求。

了解教师需要，可以通过调查、集体或个人访谈、交流探讨、设立固定了解教师需求的途径以及教研组长主动关注教育现场等方式，获得教师关于现行教研制度、教研内容、教研方式、教研实效、教研认可度等方面的真实想法和需求。

——通过调查的方式了解教师的需求。

运用调查了解教师的需求，是获得和了解教师需求的最常用的方式，教研组长可以根据教研阶段的目标、教研重点和获取意愿，设置调查问卷。

【案例 4.5　期末教科研意见反馈小调查】

各位老师：

学期已近结束，在大家的支持下教科研各项工作都已经顺利地完成了。为了进一步提高教科研成效，优化日常的教育教学工作，更好地为教师的教学服务，促进孩子的成长，作为教研的主体——您，参与我们教科研工作的评价是很重要的。因此想听听您对本学期教科研工作的想法和意见，以及对下学期教科研工作的期望。

1. 您觉得本学期教科研工作中，哪些对您的工作和理念是有影响的？说说具体事例及感触。

2. 您觉得哪些活动内容让您还存有疑惑，简要说说您的疑惑点或者是老师们的反响。如果能说明原因，那就更好了。

3. 在本学期的教研活动中，您最喜欢哪种教研方式？哪类教研您不太喜欢？说说不喜欢的原因。

4. 下学期的教科研活动，您希望在哪一些方面得到进一步的学习？

——通过教研反馈表了解教师需求。

每一次教研活动后，教师会有"崭新"的感受和体验，及时地"捕捉"教师的这些感受，不仅可以让教研组长了解教研活动的效果，同时可以了解教师的需求，生成新的教研内容，满足教师的需要。当然，利用教研反馈表了解教师需求，需要注意反馈表运用时要力求简便,如让教师在教研活动结束后五分钟之内就可以完成,以免增加教师不必要的负担(见表 4.1)。

表 4.1　××幼儿园教研活动互动反馈表

时间		教师姓名		教研活动内容	
活动反馈	你的观点: 你的收获(从理念、实践指导等角度进行表达): 建议与疑惑:				

——通过访谈了解教师的需求。

访谈是了解教师需求的一种方式。座谈会、沙龙、茶话会、教研组长接待日等都是访谈的形式。访谈就参与人数来讲可分为集体访谈和个别访谈。就准备情况而言可以分为正式访谈和相对松散的访谈活动,如教师们之间在工作之余的闲聊,有时也可以成为了解教师需要的一种途径,而且让教师更为放松,更能把握教师的真实需要。

教研组长可以定期或不定期地开展各种形式的访谈活动,可问的问题有:现在你对什么问题感兴趣呢?你正在关注哪一类的内容呢?在工作中你碰到了哪些问题?哪种教研活动形式对你最有促进作用,为什么?……在与教师的访谈中,教研组长可以了解教师的需求,把握教师需要。

当然在访谈中,教研组长需要对访谈的目的、预期愿望等做好精心准备,以便真正达到预期的目的,同时需要耐心地倾听,营造宽松和开放的氛围,引导教师说出自己的困惑和感受,说出自己的真实需要。

——通过固定途径,收集教师需求,了解教师需求。

调查、访谈、利用反馈表等方法可以了解教师的需求,但是受到时间限制,对于教师随时出现的需求就不太好用。因此设立固定的途径可使教研组长随时了解教师的需求,全方位关注教师需求。如设立"你的需求我知道"小信箱,引导教师随时把自己的需要写在纸条上投入信箱,以便教研组长随时了解。有的幼儿园设立了"问题墙""问题树"(见图4.6)等,引导教师将自己的疑问等进行表述和张贴,使教研组长可以随时了解到教师的需求。另外可利用网络,设立如"需求信箱""我的观点需求小传递"的留言活动等。

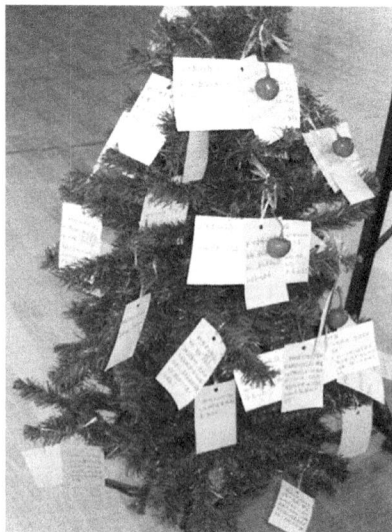

图 4.6　问题树

——深入教育现场，了解教师需求。

教师的需要有时教师能够自己意识到，并通过问题的形式表达出来让教研组长了解。但是大量的问题有时候虽然存在教师教育教学中，但教师未必就能敏感地感受到，这时需要教研组长能够深入教育现场，全面细致地去了解教师工作，掌握教师教学的真实状况和真实水平，敏锐地发现问题，从而找准问题，确定突破点。因此教研组长深入现场的行为可以帮助了解"潜在的""隐性的"问题，通过梳理将问题"显性化"，了解教师需求。

深入教育教学现场的形式有很多，如例行的教育教学检查、幼儿园教学观摩活动、新教师"扫描"听课、环境交流、说课、案例评比交流、活动设计和展示、半日活动观摩等。

如某幼儿园开展的"活动预约制"和"你看我行（行动）"等形式，都是教研组长深入教育现场、了解教师需要的形式。"活动预约制"即与教师预约，在预定的时间内教研组长与教师有意识地去观摩共享各自的教育实践，共享点可以是集体活动中互动关系的研修，也可以是对生活活动有效实施的观察；可以是对教师环境创设的观摩，也可以是对幼儿等待时间的处理……通过对现场的观察，了解教师的实践与反思，发现存在的问题。

教研组长在深入现场时，教师们要了解：看现场的目的不是为了考核，而是将发现的亮点和问题作为教研的研讨案例以及拓展研讨的话题。

● 上下结合，寻找交点。

通过多种方式了解教师多种需求后，教研组长需要对教师的需要进行认真的梳理和归类，切实了解教师的近期需求和长远发展需求、个体需求和群体需求，按照教师需求进行调整和安排，确保教研目标的落实。

但是"园本教研是基于幼儿园"的教研活动，"基于幼儿园"除了关注教师实际，教师的需要和需求，同时也包括了幼儿园现有的整体发展情况、发展的方向、资源和文化等等。因此园本教研活动的确定，是以教师为主体的，关照教师的需要，但也必须关照幼儿园整体的教育教学情况和发展方向与要求，即做到"自上而下"和"自下而上"的结合，寻找教师的需求和幼儿园发展需求的交叉点，进而开展教研活动。单纯地关照"教师需求"或者关照"幼儿园发展"等"一边倒""走极端"的现象都是不适合的。只有这样，才能真正促进教师的发展，促进幼儿园的发展，发挥园本教研功效，使园本教研真正基于"幼儿园实际"。

因此"树立教师需要的园本教研活动"理念必须坚持"上下结合"，在"上下结合"的过程中，寻找交点。"上下结合"具体要体现和坚持：

——了解教师需求的同时了解幼儿园的发展远景和需要，把教师的需求放入幼儿园发展的大背景中去考察和明晰，做到"上下结合"。

——了解幼儿园的已有资源,包括物质资源和文化资源,把教师的需求同幼儿园已有资源相结合。如在教研策划中客观剖析教研文化积淀,结合本园的实际情况,从本园已有的教研文化积淀中寻找薄弱点,其中包括教师是否具有开放的心态、反思的习惯、自主的追求,团队是否具有共享的意识、务实的作风、和谐的氛围等等。在物质资源中,需要考虑幼儿园有哪些潜在的资源可以利用,可以和教师的需要做一个结合,真正地实现"因园制宜",合理利用。

例:外出学习活动是幼儿园教研活动策划的重要内容,是园本教研的重要部分。如何使外出学习内容与园本教研有效结合,幼儿园在教研策划活动中,在了解教师需求的基础上,结合幼儿园的实际需要以及幼儿园潜在资源进行粗选,确定基本活动内容,然后再请教师选择,可以说经历了"了解教师需求——幼儿园粗选——教师细选"的过程,在关注教师需求的前提下,"上下结合,寻找交点"(见表 4.2),具体为:

第一,幼儿园过滤粗选。从幼儿园层面根据学期教研目标将大量的、多元的外来信息进行第一层过滤,过滤时坚持选用适合本园发展实际和教师发展要求的培训活动,同时时间、地点、经费等方面在幼儿园承受范围之内的培训内容。过滤粗选之后制定成表格。

第二,教师精挑细选。指教师们在幼儿园层面过滤粗选后的内容基础上进行第二层筛选,确定自己学习的内容,并在"说明参加理由"一栏中表达自己的意图。即把学习培训的选择权交给教师,让教师根据自己的需求和成长愿望确定研修的内容,教师的需求和幼儿园的教研目标能够有效地结合,让外出学习关照到每一个教师,成为"我要学",激发教师学习的积极性和主动性,使学习有效果。

表 4.2　教师学习需求调查表

研训内容	培训时间	培训地点	说明参加理由	教师姓名

● 明确需求,统筹兼顾。

明确教师和幼儿园的共同需求之后,在教研策划和设计中,需要注意兼顾教师的多种需求,不能"顾此失彼"。如以往的教研活动策划中往往较多地关注教师的内容需要,对教师的参与需求关注得较少,这同样会影响到园本教研的成效。因此在树立关注教师需要的园本教研理念中,不仅要重视教师的内容需求,还要重视其他需求的策划和设计,特别是对教师参与需求的策划和设计,做到"明确需求,统筹兼顾"。

教师参与需求的策划和设计是指园本教研活动从内容、形式和氛围等方面,引导教师参与,满足教师参与,体现教师是园本教研的主体。重视教师的参与需求主要是重视园本教研活动中参与点的设计。

——策划和建立"教研法则"：形成良好的伙伴文化和成长文化，营造宽松的氛围，引导教师坦然参与。

园本教研的目的是为了建立和编织良好的"同事关系"，建立"伙伴文化"和"成长文化"，重构教师之间的人际关系，因此在教研策划中，需要通过营造良好健康的园本教研文化和氛围，使教师在正确的园本教研认识下，开放自己，平等相处，坦然参与，积极袒露，实现"无障碍"沟通，满足参与需求。

良好宽松的氛围营造需要一个过程，也需要教研组长持之以恒，善于引导，通过系列活动让教师进行感受和学习，逐步积累和提炼，形成教师们的共识。可以说，"教研文化和氛围"的营造，是一种"随风潜入夜，润物细无声"的过程，杜绝说教以及"急功近利"。

如某幼儿园在开展园本教研活动时，注重园本教研策划中教研文化和氛围的营造，经过多年的努力，将"空心杯法"作为自己的"教研法则"，让教师们明白自己在园本教研活动中的角色和位置，实现园本教研的"大众参与"。

【案例 4.6 某幼儿园的"教研法则"】

来到这里，不是要寻找你自己已经知道的东西。

来到这里，不是证明你是对的。

来到这里，不是告诉你，你知道的比别人多。

来到这里，过分坚持固有的想法，只表示你喜欢故步自封。

来到这里，别人的话让你不高兴，并不是她要刺伤你，而是忠言逆耳，有时真话并不好听。

来到这里，如果发现自己错了，不应觉得没有面子，而是又一个向前进步的机会，你愿意进步还是愿意浪费时间去不高兴呢？

来到这里，不是别人的每一句话你都能明白，到适当的时候你可能会恍然大悟。

相聚是缘分，多从他人身上看正面的东西去学习，少浪费时间去挑瑕疵，吸收比批评更有意义。

来到这里，如果你知道了，请问自己是否能做到；如果你做到了，请问自己是否能做好，是否已变成了自己的习惯；如果这些都成为你的习惯了，请问自己是否能领导他人像你一样。

从以上案例可以看出，"欣赏、接纳、尊重、开放、和谐"是教研活动所追求的，只有在这样安全的氛围中，才能让教师们真正坦然参与。

——教师互动学习小组：满足不同层次的教师需要，自愿组合，以互导互惠为主，吸引教师选择参与。

不同的教师有着不同的参与需求,因此在园本教研策划过程中,为满足不同层次教师的需求,形式上要力求多样,便于教师选择参与,可以设计和策划引导教师自愿组合,成立互导互惠的教师互动学习小组。教师互动学习小组就像给教师的学习提供了"园本教研活动超市",因形式和内容多样,教师可根据自己的需要进行选择,参与其中。

在互动学习小组中,教师们既是指导者又是学习者,真正发挥园本教研"同伴互助"要素。互动学习小组的建立可以是多种形式的,如根据共同的兴趣分组,设立互动学习小组;根据面临的共同问题分组,设立互动学习小组;根据自己的特长分组,设立互动学习小组;根据所研究专题进行分组,设立互动学习小组等。

当然在互动学习小组建立之前,需要通过一定的调查,了解教师的需求和意向。如可以通过问题形式做简单了解,主要可以有:a. 本学期你希望在以下哪些方面获得指导——集体教学、环境创设、区域活动、课题研究、家长工作、班级常规培养等? b. 你愿意在哪些方面指导他人?

教研组长在对以上内容进行梳理和调整之后,可以设立相应的互动学习小组,提供教师参与点,发挥教师参与愿望的积极性,满足教师的参与愿望。

如某园为了发挥教师的能动作用,建立了"互学互导互助"的学习共同体,根据教师需求和幼儿园发展需要,策划和设计了"教师同伴互导小组网络"(见图 4.7[①]),形成了三维立体交叉的互动小组,满足了教师们的参与。

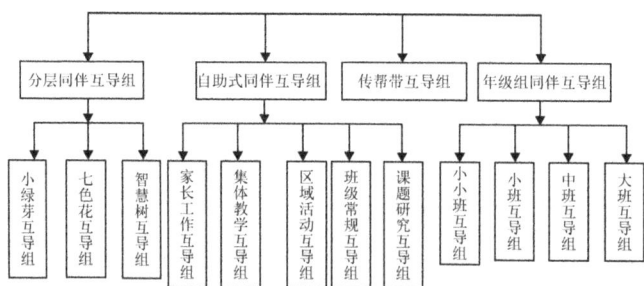

图 4.7 教师同伴互导小组网络

注:

A. 以同一年龄段执教老师组成年级同伴互导小组(重在教学主题内容反思);

B. 以执教年限的长短分别组成小绿芽同伴互导小组(刚参加工作的新老师,重在教学常规反思)、七色花同伴互导小组(青年教师,重在教学策略反思)、智能树同伴互导小组(幼教高级以上职称的老师,重在教学理念反思);

C. 根据教师志趣自愿组合、因需互动形成自助式同伴互导小组。

D. 刚参加工作的新教师与工作八年以上教龄的教师一对一结对形成传帮带互导组。

————————————

① 图文制作者为浙江大学幼儿园华家池分园程玲。

——专业引领式的团队教研：根据教师突破瓶颈的需要，引导教师提升参与。

【案例 4.7　"互动学习小组"的尴尬】

"互动学习小组"的开展受到了教师们的欢迎，但是一个学期下来之后，教师们对这样一种形式感到"疲软"，参与的积极性也没有以往那么高了，"互动学习小组"似乎陷入了一种尴尬的境地，犹如"鸡肋"。在与教师的访谈中了解到：

教师甲："互动学习小组"能够满足教师的需要，但是，长期下来，一直处于经验交流状况，好像没有特别新的东西。

教师乙："互动学习小组好像是'萝卜烧萝卜'，更多的还是萝卜"的感觉……

教师丙：我是"互动学习小组"的负责人，经过一学期，好像被"挖空"了，谈来谈去还是这几个问题和观点，自己也觉得没趣。

教师丁："互动学习小组"由我们选择，很新鲜，但是好像冲击力不够大……

如果说教师互动学习小组在园本教研策划中满足了教师的选择参与，是园本教研枝干的话，那么专业引领式的团队教研则是园本教研策划中必不可少的主干，起到提升、引领的作用，让教师从关注操作层面到寻求背后的理念支撑，从浅层思考走向深层思考，实现从"近迁移"走向"远迁移"，满足教师理论提高和理论指导实践的需要，促进教师的专业成长。

可见，专业引领式的团队教研，目的是帮助教师明白"为什么这么做"的教研活动。根据本人的调查发现，教师也需要这种提升性的教研活动，如面对问题"哪种形式对教师的教育教学影响较大"时，选择"请经验丰富的教师或者专业人员"占到 82.5%，其中教龄在 5 年或以上的教师的群体需要更大。

为了满足教师的专业成长需求，本着教研为教师服务的思想，需要"专业引领式的团队教研"与"学习互动小组"相得益彰，着重在引领中下功夫，体现园本教研专业引领的特点。如邀请专家，开展专家评课、讲座等形式，可以进行主题式教研，帮助教师提升对现场问题的把握和反思能力。

"专业引领式的团队教研"对教研组长有着更高的要求，不仅要求教研组长在业务上有丰厚的底蕴，同时需要成为专家和教师之间的桥梁，让专家能够明白教师们的需要，让教师能够理解专家的"理论语言"。

——"内容预知制"：关注教师参与的积极性、主动性，形成善于反思和质疑的学习共同体，引导教师意义参与。

"内容预知制"就是在教研策划和设计中，形成提前告知教研活动内容的习惯和制度,引导教师"先行思考",做好相应的准备,倡导教师有准备地参与教研活动,为教师在教研活动中的深度参与做好准备,不仅阐述观点,同时引导教研活动走向争鸣、碰撞、交锋,锻炼教师的组织能力、概括能力、语言表达能力等,实现多元。

"内容预知制"一般在前一次教研活动结束后教研组长便告知下一次的教研活动内容,也有的是提前几天告诉教师。预知的教研活动内容可以是预先安排的,也可以是教研组长根据本次教研活动情况和教师们的需求,生成的教研活动内容。

（2）建立教研活动的重构理念。

园本教研由于其内涵、目标和取向的不同,赋予了教研活动新的要求,如何把园本教研的新理念和内涵贯穿到教研活动中去,需要对教研活动的策划、设计和开展进行重新的考虑,即需要建立对教研活动重构的理念,真正通过教研活动实现园本教研的目标和任务,推动教师的成长。

● 问题为线,定点著"说"。

园本教研是一种基于幼儿园实际问题的教研方式,"问题"构成了园本教研的重要因素,以"问题"为引子和内容,以"解决问题"为过程和手段,以"问题解决"为最终的目标,可以说,园本教研是一种关于问题的教研。教研组长在设计教研活动时,以"问题"为线,以"问题"为出发点和归宿,开展教研活动。

定点是确定教研活动的主题,即本次活动讨论和解决的关键问题;著"说"是根据教研活动中的"关键问题"展开教研活动设计等一系列工作,引导教师逐步揭开问题、解决问题的过程。其中涉及用何种方式呈现问题、教师的参与方式是什么、如何引导教师讨论、参与人员有哪些（同伴互助还是有专家引领参与等）、活动的经验和物质准备是什么、教研组长如何进行梳理、场地安排等。

需要注意的是教研组长在教研活动设计中始终不能忘记"我要引导教师们说什么?""希望解决什么问题",紧扣"问题",以所要探讨的"关键问题"为线,以解决"关键问题"为目标,开展教研活动。

——寻找教研的焦点。教研组长要及时把教师们在教育生活中的问题进行聚焦,抓住本质,抽提主干,梳理出共同的话题。如"如何进行提问设计",教研组长发现教师们备课活动中的提问设计出现"杂、碎,'教师问,幼儿答''不停问,不停答''问题问完了,活动也结束了'的问题串"现象,于是教研组长就针对"提问设计艺术"的话题展开系列教研活动。

教研的焦点可以是上一次教研活动的"遗留"问题,也可以是新近教师们关注的话题;可以是教研组长日常观察到的共同现象,也可以是专家或同行的诊断结果。总之,教研的焦点是本园的问题,是教师们身边急需解决的问题。

——设计教研活动。即"备"教研活动。如果说"寻找教研焦点"是教研组长对存在问题的概括过程，那么"备"教研活动则是对"问题"的具体展现、演绎过程。教研组长必须对问题的表述、呈现和辨析进行整体设计、布局，如利用哪些教师反映问题的案例、需要澄清的是什么、如何讨论等等，包括了教研组长的组织方式和活动内容的教研过程、信息利用等，最后形成由"设计意图""教研准备""教研目标""教研过程"等组成的文本表述。

表 4.3 列举了教研活动"教师提问设计艺术"的案例片断，教研组长在进行深刻的背景分析和对教师疑问的聚焦之后，为了更好地解决教师们的疑问，教研组长以此为核心，把"提问设计艺术"的观点蕴含在典型的案例中，选取了老师们都开展过的《黑夜来了》语言活动中"教师提问设计"的常见片段和"名师提问设计"片段，进行对比式的展现，在对比分析和讨论中感受问题设计的艺术和蕴含的教育理念，感悟"提问设计"的一般原则和要义，主动建构相关知识，获得启示，而不是直接告诉教师，这就是布局和设计。

表 4.3　教研活动"教师提问设计艺术"选取的案例片断

内　容	教师提问设计	名师提问设计
小老鼠"窸窸窣窣"钻出洞口，猫儿瞪大眼睛盯着它，猫头鹰也瞪大眼睛盯着它。小老鼠，还不快逃！	小老鼠怎么钻出洞口的？谁瞪大了眼睛呢？为什么猫瞪大眼睛？还有谁？它又在干什么呢？那小老鼠怎么办呢？	1. 你想对小老鼠说什么？为什么？ 2. 说明了夜晚什么特点？
第三节到最后	谁也在晚上开放了？你见过吗？你要跟它说什么？怎么说？ 谁在晚上也来了？它来干什么？你要跟它说什么？怎么说呢？ 最后出来了谁？它们是怎么样的？你喜欢吗？……	1. 继续听，请你来说一说哪些地方也说明了夜晚的危险或者是不平静呢？ 2. 除了这些，有你喜欢的地方吗？为什么？

在设计教研活动中，有的教研组长为了激发教师参与的积极性和主动性，会注重教研形式的多样化。但需要注意形式是为内容服务的，"关注目标达成、注重适宜匹配"始终是要考虑的关键要素，不能因为单纯注重形式多样性，而忽视了教研目标的达成。

比如教研活动内容主要介绍外出参观后的经验和感受，一般是以分享交流为主；如果教师对有些理论在理解上存在问题或者有疑惑，会以"专业对话"的形式来进行；如果是对日常教育教学中的问题进行集体探究，一般会以"研讨会""案例研修辨析会""主题研修月"等形式来进行。

● 案例为源，把脉问诊。

教研活动必须以教师的教育现场，以教育现场中生动的案例为研究和探讨的根本，逐步建立以案例为探讨内容的教研方式，用这种亲民式的案例，呈现教研的关键问题，吸引教师参与，引导教师对案例进行全方位的剖析、质疑、把脉问诊。因此教研组长结合教师们自己的教育生活事件，把握教研所要探讨的问题，通过反思，用案例来说明观点，让观点与案例做有效融合，体现实践和理论的融合。

——案例是实现互动、研讨的良好媒介。教研活动更多的是一种同伴互助行为，而案例最能实现同伴互助。教研组组长必须树立这样的意识，在教研活动策划和设计中有效地利用教师们身上的案例，用案例引导教师参与，同时这也是有效利用资源的表现。

——了解教师身边典型的案例。教研活动的研究氛围和有效的开展是建立在教师一定的思考基础之上的，一个教研活动有没有参与深度和广度也是基于教师对问题的已有经验的基础之上。对能表述研讨的"关键问题"的案例，教研组长进行事前搜寻，察看日常积累的"案例资源库"，以便进行调用，引入到所要开展的教研活动的主题中来。教研组长了解教师身边的典型案例有助于考察开展的教研活动主题是否具有"群众性"，考察所要讨论的问题教师有没有事前的经验。其实教研组长了解相关案例的过程就是对教师的教育资源的收集过程、开发过程和运用过程，也是集结教师教育智慧的过程。

——运用多种方法呈现案例，如语言表述、视频传送、现场观摩、文本阅读等。对于反映"问题"的典型案例，教研组长必须进行整理、裁剪，提取那些最能反映问题的"重要的教育片段"。然后运用合适的方式引导教师进行"案例展现"，以便言简意赅，直达其意，避免累赘、冗长，影响倾听效果。因此案例的展现可以是多方式、多通道的结合，如以图示和语言结合的方式、以教育图片和说明的方式、以探讨材料运用是否合适的"原始材料和解说"结合的方式等。案例呈现需要白描式，以孩子的活动表现为角度，简明扼要、清楚明白"再现""当时的教育场景"。具体见本文最后一章"案例技术的运用"。

● 讨论为主，因势利导。

讨论的过程就是引导教师不断反思的过程。通过讨论，产生认知冲突，激发教师解决的欲望，实现教师间的互相启示，获得不同的有益的帮助，最终形成对话。教研组长在教研活动中以"讨论"为主，通过讨论辨析问题，引导教师讨论的"轨迹"始终在问题的周围，不跑题。

在引导教师讨论中要善于运用"激""引""追"等艺术，使讨论成为教师们交流智慧、运用智慧和创造智慧的过程。

"激"——激发教师以高度的热情参与到研讨活动中来，形成热烈的讨论，使教师真正行使他的"话语权"，而不是一个"沉默者"。如"预知"教研活动问题，让教师"有准备地来"；运用参与式培训、头脑风暴、观点接龙等形式保证每一个教师参与。

"引"——引导教师善于抓住案例呈现的多种信息，运用和分析这些信息，透过案例寻找背后的理论支撑，引导教师走向深入，而不是"就事论事"、"以点谈点"；同时引导教师进行理论的迁移，学习运用自己身边的有关案例来说明所讨论的问题和理念，使讨论经历"具体——抽象——具体"的过程，如"你能用你经历的案例来支持这个观点吗？"

"追"——对讨论活动中教师不明确的观点或者没有表述清楚的观点，甚至是错误的观点进行"追问"，用"追问"的形式引导教师发现矛盾之处，用"追问"使问题明晰，用"追问"完善和丰富教师表述的观点，如"当时你是基于何种原因使你考虑到运用这种方法的？"

同时教研组长在引导教师开展讨论时需注意：

a. 讨论小组可以根据具体情况有不同的分法，可以同质，也可以异质；可以自愿也可以按照一定的规则，如按教龄、小组等。

b. 研讨、互动中建立平等、宽松的氛围，警惕研讨小组中的"霸主"，关心小组中的"退缩者"。

c. 研讨的目的在于每个人都能参与讨论，说出自己的观点，在碰撞中生成"新质"，而不是"统一意见"。

● 梳理为本，求同存异。

教研活动的最终目的是与老师共同澄清问题、解开疑惑、求同存异。因此教研组长需要重视教研活动中的"梳理"工作，即"整理和总结提升"。

在讨论中，教师们呈现的观点和建议都比较零碎，片段性和情境性强，有的是基于事件的描述，有的会提供与主题相关度较低的观点，有的则带有很强的主观性等。教研组长在教研活动中不能只是对教师们的观点进行"原版"重现，重要的是对教师们讨论中的关键观点进行及时的整理、筛选，即帮助教师进行思维的"梳理"，在梳理中让教师感受问题的思考方式、解决方式，对讨论中"不同的声音"进行接纳，对教师之间产生的新观点及时地说明和追问，使教研活动的最终"产品"既有共同的观点，又有个性化的理解，既解决了当前教师们的问题，又给教师们的思考注入了新的"疑点"。在保证教研活动有效性的同时，彰显教研活动的民主性，进一步营造良好的教育氛围，保证教师的话语权。

良好的"梳理"能对教研活动起到"画龙点睛"的作用，能使教师们豁然开朗，这对教研组长提出了较高的要求，需要教研组长从理论素养、实践智慧等方面综合提高自己。

● 实践为重，行动跟进。

对所讨论的问题的解决方案只是一种"假设"，是否适宜、有效还需回归到实践中，以便进一步的实践和拓展，实现园本教研的最终目的。

因此在教研活动中需要设计"行为跟进"环节，有针对性地去验证教研中所获得的解决方案,避免倡议性、笼统地提希望。如在教研活动设计的最后环节留下小小的作业,指导教师具体的行动跟进。在行动跟进的过程中,也许教研所探讨的解决方案并不适宜,新的困惑和问题又会接踵而至,也许教师在实践过程中理念与实践还会存在偏差,然而正是在这样连环跟进式的行动过程中,教师的实践智慧才能真正有效提升。

例如:在研讨了"区域活动空间设置的合理性"后,可以组织教师自由结对,到某一班级进行现场的区域设置调整,在幼儿的活动中引导教师重点观察"调整后的区域空间设置的合理性"的开展情况,检验教研活动讨论中相关策略的正确性,并引导教师根据实践思考提出存在的新疑惑,生成新的问题。

"实践为重,行动跟进"是教研活动的主旨,教师就是在"发现问题——提出解决方案——尝试验证——再次发现问题——尝试解决"循环往复的过程中不断成长,真正解决身边的问题,不断加强教研实效。

在教研活动策划和设计中,需要注意的是:

——注意教研活动策划的"系列"意识。一个问题想通过一个教研活动得到解决是不可能的,而是需要通过系列的教研活动才能解决。因此教研组长在策划教研活动时,需要树立"系列"意识,即教研活动的策划应该是一个系列,应有若干个教研活动组成的体现"主题性"的系列活动,一个教研活动只是其中的一个片断,见图 4.8。

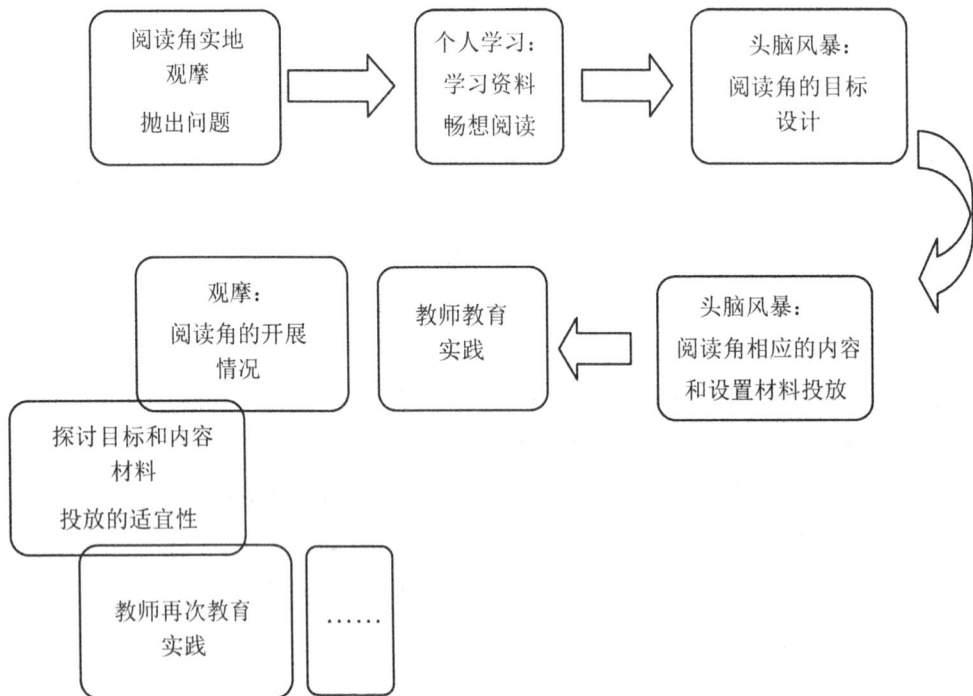

图 4.8 "阅读角推动感"的教研策划

从以上案例可以看出，"阅读角推动感"的教研策划由各种不同形式和内容的教研活动组成，体现了教研策划的系列性。

——注意教研活动的生成空间设计。即在进行教研策划过程中，教研组长需要对教研活动进行预设，但是随着教研活动的展开，教师在教研活动中的问题会不断生成，教研组长需要关注教师的"生成问题"，有意识地将有价值的问题引入其中，拓展成教研活动，体现教研活动真正满足教师需要的理念。因此教研组长在进行教研活动的策划时，应该适当"留白"，给"生成问题"留一点空间，彰显教研活动的张力。

——注意体现行动为本的特点。园本教研是以"行动"为特点的，因此在设计过程中要体现行动为本，让教研策划从行动中来，到行动中去，为行动服务。

4.3.3　教研引导能力①

如何让教师参与教研，进行群体对话，开展思维碰撞，获得有益提升是教研组长在开展园本教研活动时需要面对的问题。可以说，教研组长的"穿针引线"在某种程度上影响着园本教研的质量，影响着教师对知识意义和身份双重建构的过程。但事实表明，教研组长由于在园本教研活动中对引导意义的缺位认识和缺乏引导艺术的有效运用，使教研活动出现"组而无引""引而不发"的现象，降低了教研成效，弱化了教研组长的角色作用。

（1）引导是为了"引出智慧"。

开放自我。

开放教师个体的实践经验或者是实践知识，建立以教师经验或实践知识为核心成分的资源系统是教研活动重要的目标之一。实践证明：教师与团队交流和分享次数越多，在团队中的收益也就越大。教研活动作为一个开放的平台，希望通过教研组长的引导，让教师从关注自我逐渐过渡到关注他人与集体，使教师间都愿意交流经验，并成为一种习惯，扩大和延展团队资源系统，打破教师封闭的个体状态，或教师自身既有经验的重复运转状态。

通过教研活动，引导教师愿意在自己的教育教学资源库中积极地搜寻与讨论主题有着密切关系的教育经验，提供讨论资源，接受别人检视，为别人提供借鉴，为创造"大众共享"，做出自己不同的贡献。

同时，教研活动也只有建立在教师的开放状态中，在彻底和真诚中，才能获得教研质量的提升，回归园本教研的主旨。因此，教研组长要不断让教师开放自己，建立基于幼儿园层面的开放系统，提供和建立教研活动的话语和探讨的氛围。

建立互动。

首先，互动作为一种关系存在，通过教研组长的积极引导，建立和发展教师间积极

---

① 本节部分内容系何黎明发表于《学前教育》2008 年第 11 期上的论文《教研组长的引导艺术》，略有修改。

和良好的教学交往关系,并赋予这种关系以生命力。教研组长通过引导,"穿针引线",利用"问题"把各个教师的教育资源系统形成一个有效的整体,建立一种积极、深层、建设性的互动关系,建立同伴间的对话,形成教育智慧的流动路径。当然,在这种互动关系中,有互相的认同、支持和欣赏,也存在着异议、冲突和挑战。

其次,互动作为一种作用方式,通过教研组长的引导,让教师从参与到对话,相互作用,互助互学。教研组长是黏合剂,通过对以下问题的思考:教师们有着哪些教育教学经历?对问题的解决可以运用教师教育智慧中的哪些支持性教育经历?各个教育教学经历之间有着何种关系?相融的还是相对的?同质还是异质的?如何激起群体思维"对抗"和"认同"?等问题,把教师的分离状态通过引导维系在一起,建立多种互动,形成学习共同体。

如在探讨关于"斜面上的实验"教研活动中,当教师的预设场景与幼儿的实际操作不一致——以毛巾和木板为斜面的材料,无法明显区别小车在哪种材料的斜面上"行驶"的距离远的现象时,教研组长通过一连串的问题引导:"这是一个失败的设计吗?如果不是,如何解决当前的问题?你的依据或理由是什么?科学活动中,目测对幼儿意味着什么?明显的差异对幼儿的意义又何在?引起幼儿对细微差别的关注需要借助的是什么呢?这又渗透着何种理念呢?"让教师们深思,激起了教师们对自己的教育经历的回顾和反思,也引导教师们加入到探讨的活动中来。于是教师们的讨论和支持就出现了,他们用"教师支架"来解决这个问题——提供测量工具,精确两者的差距,渗透出"把数学作为工具来开展科学教育"的理念。

经验重构。

教研活动不仅是一种"问题"教研,更是一种"变化"教研,即引起教师专业成长上的变化,实现经验重构,提高体悟水平。这种"变化"教研,需要在教研组长的层层引导下,打破教师原有教育经验的平衡,对交流的内容进行同化或者顺应,建立一种新的平衡,把教研活动打造成为有效推动教师经验意义建构的过程。通过教研组长的引导,提供认识,解决问题,使教师无论在问题的数量和质量上都能不同程度地获得收获,如知识层面的,反思能力方面的,引起新的质疑,真正使教研组活动带给教师一种"不来会有损失的"遗憾感,展现教研活动的魅力。

(2)引导需要艺术。

——以案例"撞"案例。首先引起冲突,形成问题,展现主题。教研组长在引导教师参与的过程中,要善于运用教师身上的教育资源,用"案例"的形式展现问题,引导教师在生动的、情景性的教育背景中探讨活动,给予教师一种现场感、亲切感,引起共鸣,愿加入其中,实现园本教研"大众参与"。

同时引导教师用自己最擅长的方式——"案例"进行回应,用自己亲历的教育事件展现、说明、论证所讨论的问题，保证"有话说"的同时"说好话"，实现从关注"初始问题"到学习"迁移问题"，实现对实践的反思，以叙述自己身边的教育故事的形式实现事件与理论的联结，形成有反思的实践。案例"碰"案例的方式，是"基于事实说话"的话语方式，基于行动的讨论和反思，引导了一种实践和行动的文化。

在教研活动"阅读孩子的'破坏'"中，教研组长通过"小小班孩子爱抠墙饰"的录像片段引出教研主题后，教师们基于日常的观察和思考纷纷讲述了"泥土中的小金鱼""给大蒜苗'喝'热水的壮壮""混色之谜""'黄费心'的秘密"等现象，使教师在情境中理解教研主题，同时又引导教师关注日常，注重日常积累，利用教研活动引导教师对日常教育事件进行反思，创造一种新型的工作方式，营造良好的教研氛围。

——以问题"研"问题。教研活动的目的是引导教师们解决问题，以问题"研"问题，就是引导教师以问题解决的过程"研究"问题，以一串串的"小问题"来分解"问题"，以问题产生的"认知冲突"和问题带来的"探索动力""解决"面临的问题。这是在引导教师运用问题解决的方式解决问题，体验过程。如在探讨"科学活动中材料提供的适宜性"的教研活动中，到底什么是适宜性？具体包括哪些指标？对于中大班小孩来说，适度又有什么含义呢？什么原因影响教师对材料的提供？可能有哪几种解决办法，哪一种又是最适合的呢？在孩子的活动中如何更好地进行调整，具体的调整策略又有哪一些呢？新老教师之间有何实质性的差异呢？等等，一个"问题"引发了教师们心中如此多的问题，形成"问题树"，同时向教师们展现了探究问题的"思维过程"和"思路"，在学习分解问题中引导教师们去思考和解决。

更重要的是在引导教师解决问题的过程中，让教师们不断地生成新的问题，用新问题来分解和研究问题，让问题带领教师们走向深入。如在教研活动研讨中，教师们认为"适度"是"科学材料的适宜性"的重要纬度，这需要教师有一定的预测能力，引发了"材料设置中'备材料'和'如何备'"的疑问。在关于集体备课的现状探讨中，在教研组长的引导下，教师们提出了"集体备课姓什么""集体备课导什么""集体备课备什么""集体备课变什么"的问题，以四个不同角度的问题来深刻地研究"集体备课怎么办"的问题。

——以讨论"激"讨论。教研组长用讨论的形式激发、激活教师间的讨论。讨论是手段，用"教师的话语权"激发教师参与活动，形成良好的氛围，用"畅所欲言"的方式引导教师参与，感受教研活动的平等性、开放性。因此教研组长在引导过程中，要善于运用"讨论"的形式，真正把教师作为教研的主体，给予教师们"言说"的机会，同时需要屏蔽自己教研组长的身份和影响，运用"留白"策略，给予教师们讨论的时间和空间，真正让教师们在对话中进行有意义的建构。

用讨论中不同的声音引发和支持教师们新一轮的讨论。教师们的讨论表达了教师们当前的认知状态、需要和关注点，讨论中既有"同声"，也会有"异音"，教研组长需要敏锐地抓住"异音",激起教师们新的讨论热潮,利用集体的力量进行剖析。如在以"同课异构"为形式,探讨集体教学有效性的教研活动中,教师们进行常规式的点评,其中有一位教师说:"集体教学有效性,我们说了很多,但衡量集体教学有效性的具体要素是什么呢?只有这样,我们才能更好地谈关于有效性的问题。"评点活动顿时停止了,是呀!教师们没有仔细地考虑过这个问题。于是,教研组长抓住这个"声音",说:"这是一个值得我们深思的问题,那么,就我们的教学经历看,可能存在着哪些要素呢?"于是,研讨的话题从"点评"转到了"要素"的研讨。

——以观点"引"观点。用一个观点引出另一个或者更多的观点和想法,推动教师的思考,教研组长在引导过程中,需要杜绝"一家之言""一锤定音""专家身份"的出现。"以观点'引'观点"告诉我们,教研活动中不一定有共同认识,要允许不同声音的出现,允许多个观点的存在,教研活动是观点呈现的平台,只要你能"自圆其说",教研活动是在观点的争鸣中层层深入的。

在"科学材料需适合"的教研观点中,有教师用案例提出了"材料适宜还要注意材料各个细节的适合,如把主体材料与辅助材料作为一个整体来考虑,一个细节问题的出现,还会影响整体的材料使用和目标的达成度";关于"集体教学有效性"的问题,教研组长提出了"紧攥教学目标,提高教学有效性"的观点,引出了教师"吃透教材""教学因孩子而变""在教学有效性和趣味性之间找到平衡"等7个观点,从不同角度和侧面丰富了"集体教学有效性"的富有教师个人意义的诠释。

(3)具体的引导方式和引导语搜索。

教研组长在引导教师的过程中,可以运用多种方式,但更多的会运用语言方式,通过一些开放的、非良构的问题引导教师参与其中,进行积极地互动,达到教研活动的目的。

——引发疑问,形成碰撞。教研组长需要成为"制造事端"的人,善于利用疑问,打破教师原有的认知平衡,形成问题,最终让教师具有需要解决问题的倾向性和动力。常用的语言引导方式有"为什么会这样呢?""怎么会有不同的答案呢?""谁有不同的想法或者有不同的意见?"

——畅所欲言,引发讨论。如"请你诊断可能是什么原因造成这种困境或者成功的呢?""从这个案例中,你想到了什么或得到了什么启示?"

——激发思考,导向深入。如在"科学材料适宜性"的研讨中,面对教师"想给予孩子丰富的材料,但太多了"的反思,教研组长通过以下引导,激发教师思考,导向深入:"其实,这个问题让我们想起了一个新的概念:如何理解科学活动中材料丰富性的问题,那么,你们是如何理解这个丰富性的呢?""这些案例又进一步说明了什么问题呢?""对于适量,难道仅仅指数量过多吗?""对于适度,那么小中大班在材料的提供上如何更好地体现适度呢,请小中大班的教师根据自己的教学经历回想一下,说一说。""适度是一个很概括的词语,对于小中大班的孩子,又意味着什么呢?""做到适度,对于我们老师又应该如何去做呢?"

——引起共鸣,实现迁移。拉近情感,提高心理的认同,学习用理论解读自己曾经的案例,这是教研组长在引导中需要做的。"谁有类似经历? 请用案例进行简单说明。""某某,我记得你曾经也有过相似的活动,你给大家介绍一下吧。"

——追根溯源,引导"暴露"。"谁把自己的心智模式改变得越快,谁就越能获得成功。"改变教师的心智模式,引导教师袒露原始的行为动机是提高教研活动成效的重要方面。因此教研组长需要引出教师的"意图",来真正理解教育行为背后的原因,找到问题的所在。"面对这种情形,你当时是怎么想的呢?""你这样设计是基于何种考虑呢?"等。

——适时扩展,有张有弛。教研组长"偶尔"地偏离"轨道"也未尝不可,这样可以缓解教师们紧张的思维,增添愉快的氛围。有时可以用一句话带过,"点一下",帮助教师们瞬间打开信息通道,获得当前问题呈现中闪现的信息,要扩展,但也不能过多,要不就会造成"主次不分",影响整个活动的开展。同样在讨论关于"科学材料适宜性"的问题中,教研组长提出"适时地添加材料,提供尺子,帮助孩子更好地感受实验现象,这告诉我们教师在活动中如何解读支架的问题",扩展了教师讨论中关于"支架"的概念,虽只是一带而过,但引发了教师的兴趣,事后,"支架"问题成为教师们下次研讨的内容。

4.4　自主学习能力

先请看一下教研组长们的感受:

教研组长一:教研组长不仅是一桶水,还要做涓涓细流。

教研组长二:组织教研活动时,教研组长对主题必须有充分的准备,不光是材料物质上的准备,更重要的是观点的准备,只依据现有的资料是远远不够的,应在找到理论资料的基础上,自己先吃透,并根据存在的问题有针对性地引用。

教研组长三:"教研有价值、有效果、有魅力、有效率",对教师有引领,必须自己先成为有一定丰厚的教育实践和教育理论的人,因此,需要我们教研组长不断学习和提高,为更好地胜任这份工作充盈自己。

教研组长四:在活动设计过程中我们发现老师们工作中带普遍性的实际问题和困惑点,在准备教研活动组织的过程中,也深深觉觉到组长对活动的准备和自身的观点非常重要也很艰难。需要我们自身吃透活动内容才能去引领教师,虽然也查了很多资料但还是常常感觉自己的理论水平不够,对很多问题的理解也是"一知半解",因此对教师的提升和梳理作用效果不大。

从以上教研组长们的感受中可以看出,园本教研的开展需要教研组长良好的素养。园本教研活动是一种动态的教研活动,需要教研组长不断根据教师的需要、教师面对千变万化的教育现场提出的形形色色的问题、教师遇到的各种各样的教育困境,以及组织发展的需要开展相应的活动;需要教研组长有着丰富的专业知识和能力来应对随时出现的情况和问题,组织教师共同研究,指导、服务和引领教师,促进发展。

另外,从以上教研组长的困惑中可以看出,虽然教研组长是教师中的业务骨干,但是要"游刃有余"地指导教师开展教研活动,"丰厚的知识和理论"仍然是他们需要的。在与教研组长的访谈中,教研活动中教研组长的"观点准备"(教研组长对所展开的教研问题的观点、策略等)是教研组长策划教研活动中的瓶颈,也是教研组长感觉"不够"的地方,也成为教研组长最迫切需要增强的教研能力之一。

因此,教研组长要"不断充盈自己",需走上"自我更新取向"的发展道路,需要拥有一定的自主学习能力,让学习成为一种"生存责任"和"生存方式",获得可持续发展,胜任教研组长的工作,服务教师,对培育和践行良好的教研文化,以及建设"学习型"组织起到"身体力行"的作用。

可见"自主学习能力"是园本教研背景下教研组长的特殊能力要求。因此,教研组长需要培养自己的"自主学习能力",不断超越自己,提高自己专业素养。

4.4.1 树立正确的学习目标

目标是自主学习的核心,正确目标的确定,可以使教研组长实现"自我导向学习",帮助教研组长进行学习和知识建构,起到"发动""引导"和"调控"学习过程的作用,使教研组长最后成为一个"自我引导学习者(self-directed learner)"。因此教研组长需要树立自己的"责任意识",有一定的教育理想和信念,明确自己在园本教研建设和教育改革进程中的位置、角色和要求,树立良好的自我学习动机,设置正确合适的学习目标。目标的制定既要注意"着眼当下",又要"放眼长远"。即教研组长在设立学习目标时既要关注目前自己的疑惑、工作的需要以及教师们感兴趣的问题和知识,同时又要与长远的计划结合,使学习有一定的深度和系统的思考。同时注意个人的学习目标与团队学习目标结合,减少不必要的重复,统筹兼顾,提高效益。

4.4.2 拥有持续的学习坚持力

"自主学习能力"的养成需要持之以恒,这样才能真正做到"活到老,学到老",才能面对学习中遇到的这样或那样的困难和问题不妥协,坚持不懈,才能达到学习的目标。因此"自主学习能力"的养成需要个体持续的毅力作为后盾，"意志控制在自主学习中具有很强的维持功能"①，拥有持续的学习毅力是教研组长获得持续发展的重要保障，提高自己的自主学习能力，不断更新自己的专业素质和能力，使自己处于"日日新"的过程中，推动教师的发展。

4.4.3 学习和运用一定的学习策略

学习策略的获得和运用是自主学习能力获得和实现的重要手段。学习策略的学习和运用直接影响着学习的有效性。儒家经典《中庸》提出的"博学之，审问之，慎思之，明辨之，笃行之"，揭示了"学、问、思、辨、行"的学习过程和学习方法。教研组长所要学习的内容不仅需要通过书本学习，还需要在实践中学习，不仅需要自我学习，还需要向同伴学习。同时由于教研组长是不同个体，每个人的学习策略和方法各不相同。因此教研组长需要了解自己的学习特点和风格，根据学习的内容，获得适合自己的学习策略和方法，提高学习的有效性，提高自主学习能力。

首先是在经验参与中学习。经验对教研组长的自主学习能力的培养有着支持作用。因此"经验参与"是教研组长采用有效学习策略的基础。与实践对话、与书本对话，对获得的经验进行内化、升华和整合，在解读中获得理解进而转化为具有个人意义的知识和能力。

其次是在疑问和思考中学习。北宋哲学家朱熹认为"读书无疑者须教有疑，有疑者却要无疑，到这里方长进"，明末清初思想家黄宗羲说"小疑则小进，大疑则大悟，不疑则不悟"。不论任何学习策略，都需要不断地质疑和思考，在积极的思维参与中学习，不断超越自己，形成自主学习的能力，并把这种能力推向深入。如案例 4.8，可以看到教研组长基于教育现状，在"疑惑——解惑——再次疑惑"中，看到思考的痕迹，在思考中将问题导向深入。

【案例 4.8 紧"攥"教学目标：对语言活动中"理解"目标的找寻和思考】

从传统的"活动取向"走向"目标取向"或"发展取向"，"理解"作为语言活动中最基本的教学目标，如何结合幼儿的实际发展水平、兴趣、需要等发挥教师的支架作用，真正使幼儿在理解中发展对文学作品的兴趣和多种能力，这些都应该值得关注。于是以此为主题，我们开展了中班语言活动《调皮的太阳》"同课异构"活动。看完 5 个活动之后，特别针对语言活动中"理解"目标的"丢失"和"虚设"现象，结合异构活动从语言活动中"理解什么""如何在活动开展中突出和实现'理解'这样一个教学目标"两个方面入手，进行了案例式的剖析，让我

① 庞维国：《自主学习——学与教的原理和策略》，上海：华东师范大学出版社，2003 年版，第 60 页。

深受启发。但是,也给我带来很多的疑问和思考:"就《调皮的太阳》而言,要求理解的到底是什么呢?""孩子在活动中无所适从的现状,是否是理解不到位引起的呢?""提问如何帮助幼儿理解,体现教师的引导性支持性?""教学形式和活动环节设计如何蕴含或渗透理解目标?""感受文学作品的意境是否就不需要理解了呢?""倾听能否推动幼儿的理解,如能,如何倾听最有效""图片呈现如何更有利于幼儿理解"等。

疑问给了我们兴奋,也给了我一种迫切想"探个究竟"的冲动和欲望,于是,带着这样的疑问,我和老师们开展了相关的探究活动,从大量的课例中和查阅的文献中,探究出关于语言活动中实现"理解"目标的策略,从教材内在逻辑的把握和显性化呈现、教具呈现方式的渗透、理解目标"小步骤"分解和环节嵌入、作品倾听的频率和次数以及对"理解"目标中的意境感受的理解等。可以说,疑问带领我把学习走向深入,其中我也感受到了学习给予我的丰厚的回馈。

疑问似乎解决了,但是有一个念头在我的心中升起:理解是一种思维参与活动,语言是思维的工具,作为语言活动中的文学作品,如故事、诗歌等都蕴含着思维的参与,那么从这一层意义上来说,"利用语言活动发展幼儿的思维是否也成为一种可能? 如果是这样,那么如何激发幼儿的思维呢? 有什么特别的方法呢?","如果真是这样,那么语言教育不仅是给予幼儿交际空间、心灵空间,同时也给予幼儿一个思维的空间?"……看来,问题就如"无理数",没有"穷尽"时,我们只有不断地学习才能逐渐解开这些问题,这个过程就如"没有终点的跨栏运动"……

最后是在应用和创新中学习。对成人来讲,成人的学习力体现在"快速获取信息和知识的能力、适时更新观念的能力和持续不断的创造能力"[1]。从学习力形成的层次上看主要包括了借鉴性学习力、改造性学习力和创造性学习力,其中"创造性学习力"是个体在实践中解决新问题的能力。学习策略的学习和获得关键在于应用、迁移和创造。教研组长需要在应用和创新中学习,在应用中活化知识,获得学习策略,在创新中不断地扩大自己的张力,开展自主学习,获得自主学习的能力。

4.4.4 善于利用学习资源

在自主学习过程中,善于利用有助于自己学习的物质和社会性资源是教研组长自主学习能力之一。社会性资源利用的重要形式主要是"主动寻求学业帮助","自主学习者所具有的一个具体特征就是能够将他人作为自己克服学习困难的资源来加以利用"

---

[1] 袁海燕:《"冰山理论"对成人学习力的启示》,《高等函授学报》(哲学社会科学版)2007年第7期。

（Newman，1998），正如孔子所说"三人行必有我师"，因此教研组长需要把周围的同事、专家以及教研员纳入社会性资源，以便在遇到困难的时候寻求他们的帮助。学习资源中如英特网、图书馆、广播电视中的广告等都是学习中的物质资源，教研组长要善于利用它们，这也是自主学习能力的一种表现。

如一位教研组长特别喜欢观看"视频"，并从教育的角度进行解读，获益匪浅。《小小雷神》让她感受到幼儿喜欢游戏、探索、想象等特点，在一次次的尝试中看到了幼儿探索中的"试误"。公益广告《你了解孩子吗》使她领会到了教师诊断性思维是教师与幼儿互动的思维障碍，以及"等等孩子，就可以发现孩子闪亮之处"的意义等。她在教研活动中，把这些视频作为引发教师思考的素材，助力教研。

第5章

文化创生： 打造提升教研组长教研能力的生态环境

环境对学习者的学习和成长有着重要的影响,如古代的孟母三迁就告诉我们要关注学习者的环境问题。建构主义理论认为：学习是学习者与环境复杂互动,主动进行意义建构的过程。这说明,有意义的学习应该注重学习者周围具体环境的创设和建构。基于这种假设,提升教研组长教研能力的学习环境,同样是受周围环境的影响,如教研组长自身、教研组长与他人(其他教研组长、培训者和专家等)、制度、意识、物质,以及它们间的相互作用。因此,建构教研组长的生态环境成为打造"全景式学习"中提升教研组长能力的重要条件和保证。

环境(environment)是相对于某一中心事物而言的。围绕中心事物的外部空间、条件和状况,构成中心事物的环境。环境因中心事物的不同而不同,随中心事物的变化而变化[1]。"对于人类来说,环境是人生活于其中并能影响人的一切外部条件的总和"[2],因此教研组长的学习环境,应该是一切影响教研组长学习的所有外部条件的总和,是各个相关要素相互制约、相互依赖而达到一定平衡的生态系统。

"生态学"(ecology)是"研究有机体或有机群与周围环境关系的科学"[3],从生态学的观点来看,任何生物群落总是通过连续的"能量——物质交换"与其生存的自然环境不可分割地相互联系和相互作用着,共同形成统一的整体,这样的生态功能单位就是生态系统。生态环境是围绕生物有机体的生态条件的总和。法国著名思想家莫兰认为：生态意识就是：1. 意识到环境是一个生态系统,是一个自我组织的(自发的)有生命的整体;2. 意识到我们的独立是有依附性的,也就是说意识到我们与生态系统在根本上的关系,这一关系会使我们认识到世界不是一个客体,而人也不是像个孤岛一样独立的[4]。

---

① 环境的定义：http://hanyu.iciba.com/wiki/index.php? doc - view - 127084
② 田慧生：《教学环境论》,南昌：江西教育出版社,1996 年版,第 2 页。
③ 范国睿：《教育生态学》,北京：人民教育出版社,2000 年版,第 3—4 页。
④ 艾德加·莫兰：《社会学思考》,阎素伟译,上海：上海人民出版社,2001 年版,第 330 页。

可见，从生态意识的角度看教研组长学习的生态环境的创设，说明教研组长的学习是一个系统，具有整体性、互惠共生和多元共存的特点。

整体性。教研组长的学习活动包含着多种要素，如教研组长个体、教研组长群体等人的要素，周围环境的因素、物的因素等等。正是众多因素的相互作用，"积极贡献着自己的力量"，才能使整个系统得以和谐、健康地成长。因此在建设教研组长生态环境时，需要积极地关注每一个相关的要素，引导每一个要素积极参与。同时，整体性说明了学习活动是一个完整的生态系统，具有自组织的特点，是有生命感的。这种自组织的特点，具有对物质、能量、信息交换的选择、吸收与释放的能力，从而形成一个完整的内外生态循环，使学习者的学习不受外部条件影响，能够进行自我调节、自我创造、自我控制，实现从低级无序到高级有序的发展，体现生长性。整体性的特点说明了学习者的学习以群体的方式出现，它们有着一定的分工，有着一定的规则，共同应对外界的变化，每一次都为新的平衡而"集思广益""群策群力"，体现自组织性。自组织使整个生态系统具有一定的开放性、调节性和创造性的特点，也使整个系统不断地螺旋上升，走向高质。

互惠共生。生态系统的各个要素既相对独立又互相制约。生态系统是一个有"营养"的系统，学习者不仅从系统中汲取能量，获得自身的发展，同时在自身发展的同时，又为系统贡献着自己的能量，他们休戚相关，是"利益共同体"，共同推进自身和系统的发展。"环境"一词本身就有"紧紧包裹"的意思，像养育胎儿的胎盘[1]。同时，现代生物学研究的进展说明，生物越是进化，越自主，对环境的依附能力也就越强，越需要在环境中吸取更多的能量和所需要的一切。可见，学习者的学习离不开具体的环境，特别是教育情境，只有学习者和具体的教育情境相互作用，积极对话，才能获得意义建构，才能进行积极主动的学习而不是被动的接受。同时学习者自身的不断成长，又为整个环境的生长和活力提供了能量。"互惠共生"说明了在生态环境中，彼此的关系是基础，学习者不再是一个封闭的个体，孤独的个体，而是互相联系的、"和谐"的，在互相的"营养"中获得共同的成长。

多元共存。生态中的物种具有多样性和丰富性的特点，正因为这种多样性和丰富性，彼此共同构成了一个有着生机的生态系统。"即使是敌对性的物种之间，也存在间接性的公社工农关系，保持着生态的平衡"[2]，这说明，在生态系统中，"异己者"不一定就是对自己不利的，相反，"异己者"的存在，引导生态系统不断地自我更新和成长，可以使生态环境更有吸引力，充满活力。因为，重要的是每一个物种都是因为它自己所处的生态位而使其意义非凡，而不是它对别人的作用，这是一种尊重，一种独立存在，一种在群体中的认同和平等。因此在学习活动中，允许各种不同经验、不同观点、不同能力的学习者共存，对不同经

---

① 艾德加·莫兰：《社会学思考》，阎素伟译，上海：上海人民出版社，2001 年版，第 327 页。

② 柳夕浪：《教师研究的意蕴》，北京：教育科学出版社，2007 年版，第 161 页。

验、观点和能力的学习者持宽容和接纳的心态，认识到在这种多元共存中，多样的个体，通过互相的对话，才能真正发生思维的碰撞，产生新质，实现知识的创生，共同创造整个生态系统，见图 5.1。

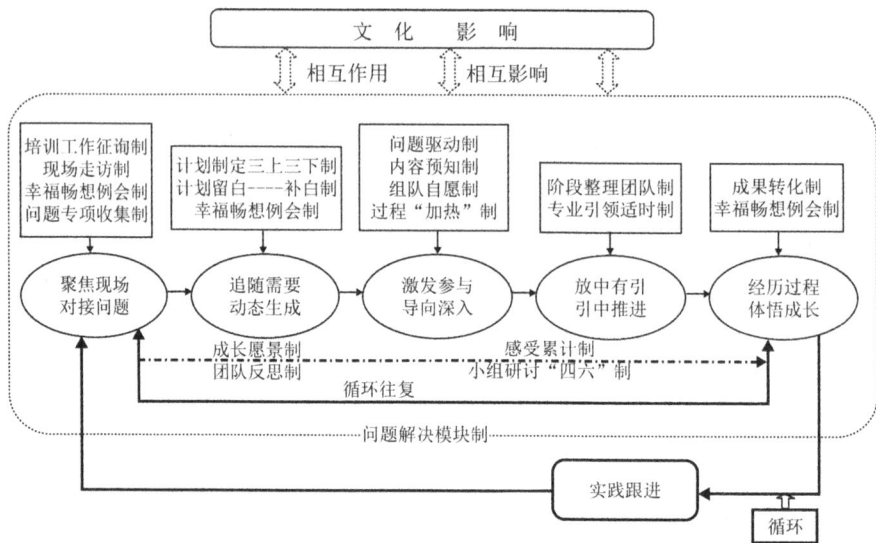

图 5.1　文化影响与"全景式学习"提升教研组长教研能力的模式和机制的关系

我们构筑了一个非常美好和谐而有生长力的生态环境。但是，在我们的教育生活中仍然存在着许多"非生态"的现象，如我们常提到的关于"一个和尚挑水吃，两个和尚抬水吃，三个和尚没水吃"的同伴结伴负效应，又如在教学中教师长期以来的封闭性带来的"专业个人主义"以及固守的思维模式。这些都给提升教研组长教研能力的生态环境的创设带来了不利的影响。

因此打造以"全景式学习"提升教研组长教研能力的生态环境必须实现文化创生，以期改变原来的"非生态"现象，建立"成长取向"的学习目标，激发教研组长学习的积极性、主动性和创造性，变"要我学"到"我要学"，从"封闭学习"到"开放学习"，运用群体的合作和互动，促进组长个体的成长和群体的成长，在完成意义建构的同时获得身份的认同。

5.1　以"成长取向"为培训目标，倡导教研组长的成长意识

不同的培训和学习观念，有着不同的培训目标，体现不同的文化。生态环境观倡导可持续发展。生态环境中教研组长的培训目标的确立，同样需要摒弃以往的"工具性"的教育培训观，从"学习取向"转向以教研组长为主体的"成长取向"的培训目标和发展策略，满足教研组长的成长需要，促进教师的成长。

首先，在培训活动中倡导学习和成长是一种对生命本性的探寻和价值的追求，是对教

育本身的意义回归。因此应在培训的内容和方法上实现变革，在方法上激励"生命点燃生命"的平等互助观和有效沟通。把"教育过程设想成不断对话和意义生成的连续体和成长史"①，而不是"植入式"的教育培训活动；把成长作为教研组长的生活方式，作为培训的目标，而不是仅仅为了获得知识的目的观。要充分地发挥教研组长的积极性、主动性和主体性，也就是获得人性的解放，满足教研组长自身需要，体现每一个人的生命价值魅力。

其次，"成长取向"的培训目标注重对教研组长思维的影响，重在改变教研组长的心智模式。思维的学习和发展是培训活动的核心目标，因此"成长取向"的培训目标更多地注重学习的过程，通过关注和强化学习过程，实现思维的学习和发展，如养成把研究的状态带入日常的教育教学和教研活动中的思维习惯，问题解决的"思路"过程等。

心智模式是存在于人们头脑中的概念性结构，它们主导着人们对事物的感知过程。它们影响人们的行为，因为它们塑造人们对所见所闻的理解②。培训活动注重对教研组长心智模式的修炼和影响，运用反思和探询的方式，试图找出那些影响教研组长学习的心智模式，使学习更为顺利和开放，促进教研组长的发展。

第三，"成长取向"的培训目标注重对教研组长主动和自由的学习环境的创设。没有人能够教会任何人任何东西，人的成长不是教育的结果而是学习的结果，是需要教育个体自我建构和积极努力的，因此培训不是单纯地教会教研组长教研技能，而是创设激发教研组长积极性和自由的环境，如平等对话的氛围等，强调教研组长在培训活动中的创造性，引导教研组长进行知识和经验的自我建构，在过程中体悟生命，张扬生命的色彩，促进自己的成长。

5.2　以"学习共同体"为形式，构建生态式学习环境

既然知识是一种社会性建构，学习是意义协商的过程，那么共同体就是意义的前提和载体③。因此在构建生态式学习环境时，就需要以学习共同体为形式，构建生态式学习环境。打破以往学习的"孤独"和"封闭"的现状，走向"群体对话"和"开放"的状态，使不同的成员成为一个统一的整体，一个互相依赖的整体。日本教育学者佐藤学提出："学校是人们共同学习成长的场所。我们必须从这个朴素的观念出发重建学校理想。"④可见，建立具有生态意义的"学习共同体"，是现代教师成长中需要关注和实践，并且是需要

---

① 张东娇：《成长取向的教育目的观》，《河南社会科学》2002 年第 2 期。

② 罗伯特·路易斯·弗勒德：《反思第五项修炼》，赵恒译，北京：中信出版社，2004 年版，第 25 页。

③ 赵健：《学习共同体——关于学习的社会文化分析》，上海：华东师范大学出版社，2006 年版，第 34 页。

④ 佐藤学：《课程与教师》，钟启泉译，北京：教育科学出版社，2003 年版，第 82—83 页。

进行学校文化重建的重要形态。

人人贡献,各取所需。学习共同体构建,在很大程度上依赖于学习是一种社会性质的活动,学习是在一定的社会情境中的学习活动,学习中的每一个人,不管是学生还是教师,都是其中的参与者和行动者,每一个人都是重要的一分子,犹如生物圈中的每个物种既是能量的"贡献者",又是"消费者"。因此,学习共同体体现了"大众参与""大众需要""大众贡献""大众成就"的特点,打造了一种"大众"主体文化、分享文化、创新文化。在教研组长的培训活动中,需要以建立"学习共同体"为主要形式,使每一个教研组长参与其中,行动其中,成为其中的建设者和受益者,贡献知识、"消费"知识,实现从"合法的边缘参与者"到"核心"成员的跨越,同时实现学习共同体这一组织的持续发展,即再生产的能力。

对话机制,重视讨论。从诠释学的角度看,理解是依附于一定情境中的理解。因此,事物的意义必须由它所处的具体情境决定,离开了这种情境,就没有了意义。同时,意义的理解需要解释者的理解而存在,需要通过解释者的解读而呈现。从这一层意义上看,解释者的不同,如经验不同、知识结构不同、情感不同、信仰不同、思维方式不同等,影响了解释者的理解和解释,因而意义的理解存在不同且具多元性,也就是说会呈现多样性。因此诠释学强调"视阈融合",就是强调解释者的解释能够在多种维度上融为一体,如自己和他人、主体和客体等,这样,理解在原有的基础上又不断地被修正、更新。而"视阈融合"需要解释者在和他人、主体和客体之间不断地进行对话的基础上才能达到。"如果各种知识能在人的头脑中建立联系,有碰撞、对话和交融的机会,就有可能产生智慧,人就有可能变成智慧的人。在这种关系中,不仅有各种知识之间的对话和交融,还有构成自我的各种要素——感觉、意象、观念(包括意识与无意识)、感情、生活态度、信仰、知识之间的碰撞、对话和交融。这些异质要素之间相互碰撞和交融的结果是碰撞出智慧的火花。"[1]因此,在学习共同体中,倡导对话为主要机制,重视讨论,在讨论过程中获得知识。

建立多元,承认个性。学习共同体的建立和形成,承认了教研组长在共同体中都拥有各自专门的知识和技能。没有一个教研组长是"全能的",教研组长是某一方面有着特殊见解的人员,这体现了在学习共同体中,教研组长的个性存在是学习共同体的基础。允许教研组长的个性存在,使学习共同体呈现多样性和丰富性,同时使教研组长在学习共同体中都能找到自己的"存在",有助于教研组长们在学习过程中,了解如何向他人学习,向谁学习和请教等,形成学会学习的能力和方法。承认教研组长个性存在,避免生态学中的"花盆效应",为教研组长个体的发展提供了更广阔的空间。

---

[1] 滕守尧:《艺术与创生——生态式艺术教育概论》,西安:陕西师范大学出版社,2002年版,第28页。

5.3 建立一种以关系为基础的培训体系，倡导教研组长的合作意识

人是一切社会关系的总和。人是社会的存在，只有在一定的关系中才能显示生命的意义。马克思和恩格斯指出："只有在集体中，个人才能获得全面发展才能的手段，也就是说，只有在集体中才可能有个人的自由。"①可见，人的自由、人的创造、人的价值需要在人与人的交往中建立。在集体中获得真正的人性的发展。因此需要创造一种"和而不同"的关系和环境。

伟大的发展心理学家 Eric Erickson 指出："我们本能上就是'好为人师'的物种。"与他人分享知识本身就是人类自我实现的需要，同时与他人分享知识，根据马斯洛需求层次理论，也是一种满足归属感、自尊和自我实现的需要。哈格瑞夫斯指出："给予教师之间的开放性、信赖性和相互支持、援助而形成的合作的教师文化是教师专业发展最为理想的一种文化。""学校内部的改革能否实现，取决于教师们能否构筑起将彼此的实践相互公开、相互批评、合作创造的关系（即"同事性"，collegiality）。"②

因此，建立生态式的环境，实现文化的创生，需要建立一种以关系为基础的培训体系，倡导教研组长的合作意识。

教研组长培训活动，是一个多种关系并存的团队活动，这些关系主要有教研组长和教研组长之间，教研组长和培训者之间，教研组长和专业引领的专家、教师之间，教研组长和培训管理者之间等，承认教研组长的知识建构是在社会交往中实现的，关系是一种资源的理念。同时在关系运用中，建立合作所必需的平等和开放的氛围，重建参与者的身份，由以往的教和学变成现在的共同学习者，重构相互之间的关系。"在继续教育的教学领域中，成人教员和成人学员之间应是以共同参与和互教为基础的组合关系，即互相学习、互相补充、共同提高的关系。"③

教研组长合作文化的创生，体现了一种新型的人际关系的构建，具体表现在：

体现一种欣赏接纳的关系。学习共同体倡导团队学习，在共生协同中，在彼此的交往中，能够彼此以欣赏的态度来接纳不同人的不同性格，不同的处事方式以及不同的观点。"每一个人都能坦诚分享自己所知道的信息，人人生活在一个持续的学习环境中。"④当然这种接纳的前提是通过对话和讨论，在观点的交流中能够理解彼此，理解各自的存在。约翰逊兄弟（D.W.Johnson & R.T.Johnson）等合作学习的研究者通过一系列的研究指出了合

① 马克思、恩格斯：《马克思恩格斯选集》第 1 卷，北京：人民出版社，1995 年版，第 82 页。
② 佐藤学：《学习的快乐——走向对话》，钟启泉译，北京：教育科学出版社，2004 年版，第 103 页。
③ 叶忠海：《大学后继续教育论》，上海：上海科技教育出版社，1997 年版，第 48 页。
④ 王健：《促进教师个人知识共享的学校知识管理策略》，《教育理论和实践》2005 年第 16 期。

作学习的有效性。

体现互利互惠的学习关系。积极互赖(positive interdependence)是合作学习中最关键的因素,合作的前提是"荣辱与共"、互利互惠。这种关系,把每一个人的自身和团队的成长维系在一起,明确自身的责任和在团队中的角色,每一个人都是团队的共同构建者,每一个人都应用自己的能力来构建共同的学习文化氛围,促进个人和团队的"共同进步"。因此,以关系为基础的培训体系的建立,可以进一步让教研组长明确学习是一种共同构建的学习状态,学习是构建一种新型的人际关系,打造一种不同于传统的生活方式。

体现互动互助的关系。合作学习的另一个重要因素就是"面对面的促进性互动(face-to-face promotive interaction)",即为了实现目标,与同伴互相支持和鼓励。从学习的意义上来说,学习不仅是一种认知实践,同时也是一种社会性交往实践和自我反思性实践,因此需要学习者以一种积极的姿态参与学习,能够运用工具和资源,在同伴和专家的共同参与和帮助下建构新意义,丰富自身,重建自我。可见,不论学习者采用何种方式,如支持、鼓励等,都是一种与同伴的互动关系。在组长培训活动中,这种互动互助关系体现在坦诚交流各自的经验和信息;提供自己的反馈信息,对活动和观点质疑、欣赏和赞同;对同伴的努力做出自己的心理支持;对团队的行动有正确动机;能够对同伴的行动形成自身良好的信任等等。

5.4 以反思为超越手段,倡导教研组长的反思意识

文化创生是一个不断超越的过程。在这个过程中,文化创生的个人或者组织都是在创造新的文化过程中不断地对旧的文化的边界进行超越,从而获得一个新的自我。不断成长的个体反过来成为文化创生的建设者和丰富者。这就是生态环境自身所具有的可持续发展的特点。

实现文化创生的重要手段,就是运用反思,以反思为手段倡导教师的反思,在反思的过程中获得成长。"学习共同体"的构筑要求把学校重建为自律的"专家组织",即"反思性实践家"的"专家",对于复杂的问题情境能够立足于考察和经验的反思,形成实践性智慧[①]。教研组长的学习和培训基于不断改进自己教研活动的目标,为自己的教研活动而进行学习,是在教研实践中的学习,是针对自己教研活动中的问题而进行的学习。反思,不仅关注已经发生的教育事件,同时关注今后行动的改进,可以说,连接着教研组长的"已发生的"和"即将发生"的自我行动,核心是对教研组长教研经验的反思。

---

① 佐藤学:《学习的快乐——走向对话》,钟启泉译,北京:教育科学出版社,2004年版,第105页。

第6章

五步行进： 解析提升教研组长教研能力的基本模式

园本教研背景下教研组长的角色要求和所需的特殊能力是开展"全景式学习"提升教研组长教研能力的前提和出发点。文化创生为"全景式学习"提升教研组长教研能力提供了生态的环境支持,那么以"全景式学习"提升教研组长的教研能力,从丰富的教育现场入手的原则,决定了"全景式学习"提升教研组长教研能力主要是从存在于教研组长身边的具体问题和困惑入手进行培训和学习,让教研组长关注身边的问题,尝试解决身边的问题,在主动参与过程中来提升教研组长的教研能力。基本模式为"五步行进",即"聚焦现场,对接问题""追随需要,动态生成""激发参与,导向深入""放中有引,引中推进""经历过程,体悟成长",具体见图 6.1。

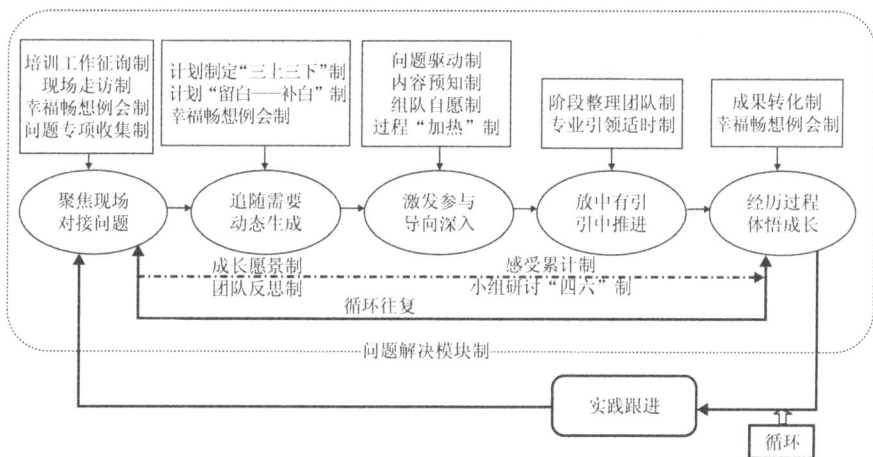

图 6.1 "全景式学习"提升教研组长教研能力的模式和机制

6.1 聚焦现场,对接问题

提升教研组长的教研能力最终是为了解决教育现场中的众多问题,提高教育教学质量。"聚焦现场"更多的是在广阔的教育现场中,搜寻适宜的培训内容和问题,把握教研组长探究的真实环境和真实存在。同时,教育现场的多变性、复杂性和不确定性等特点,有利于锻炼教研组长的能力,获得实践智慧。因此,教研组长的培训活动是"在现场中,为了现场,关于现场"的一个探讨和研究学习活动。

现场的丰富性和变化性,意味着教育现场中的内容和问题是多元和丰富的,同时因为教研组长的能力各异,关注点不同,所以对问题的确定来源也会各异。因此,需要通过"对接问题"的方式,把教研组长需要的问题和培训者根据培训指向而把握的问题,以及教研组长之间的问题进行整合考虑,寻找切合点,使项目活动中探究的问题成为大家"共同的问题"。用"对接问题"的方式确定内容,体现了项目内容"上下一致"和"左右一致"的特点,使研究的问题成为大家的需要和任务,增强教研组长对所研究问题或任务的认同感,激发教研组长的参与动机,为下一阶段的"共同走向"奠定了基础。

"聚焦现场,对接问题"一般通过培训工作征询制(每一学期对教研组长的培训活动进行征询,运用调查、问卷等方式进行调研,内容包括教研组长关注的问题、对活动方式的疑惑以及建议等)、幸福畅想例会制(教研组长参与会议,获得问题)、现场走访制(定期和不定期深入教研现场,观察和分析,捕捉教研组长需要的真实问题)、问题专项收集制(每一个教研组长都会有自己收集问题的方式,如有的设立问题墙,有的设立问题树,有的建立教研活动反馈卡等,结合教研组长的思考,将不能解决的问题转化为培训的内容之一)。

6.2　追随需要,动态生成

有了培训的内容和意向,也就有了一定的目标描述和任务描述。之后,就要制定合理的计划。计划的制定也是在教研组长和培训者共同的讨论和交流中实现的。培训者根据教研组长的事前调查和问题的确定,制定初步的计划,然后交由教研组长共同讨论,对计划提出想法和意见,这样有利于形成教研组长对计划的认同感,有利于计划的贯彻和实施。由于教研组长对问题的了解和分析的不同,会拥有不同的想法,培训者应有意识地把他们的良好建议进行选择性吸收,并调整相应的计划。可以说,计划的制定也是一次"上下结合,相互对接"的过程,即计划制定"三上三下"制。

同时,在计划实施过程中,随着教研组长参与和实践的深入,会滋生许多想法,生成许多研究的小切点和小问题,这时培训者要根据教研组长的需要,将它们纳入计划中来,鼓励教研组长和其团队进行有益的探究活动,并根据他们的需要,提供尽可能的条件,使探究走向深入。因此,项目计划的制定并不是一成不变的,而是始终关注教研组长的需要,是在培训者的引导之下,动态生成的。这样,计划始终能够成为教研组长学习的需要和内在学习的动力源，即计划"留白——补白"制。

"追随需要，动态生成"体现了项目展开式活动始终以教研组长为主体，以教研组长的研究走向为脉络，在倡导计划先行的情况下，灵活地加以处理，智慧地进行生成，体现了一种过程观。

6.3　激发参与，导向深入

任何学习活动都需要学习者的主动投入，因此在活动中，"激发参与，导向深入"成为培训者引导教研组长学习活动的重要举措。让教研组长积极参与到培训活动中来，促进自己的成长。

教研组长参与学习活动主要是通过问题驱动制、组队自愿制、内容预知制、过程"加热"制来实现。

● 问题驱动制

寻找和对接教研组长迫切需要的关键问题，利用教研组长对问题迫切需要解决的心理需求和"不平衡"机制，培训者适时提供条件和研究的氛围，引导教研组长主动参与到研究活动中来，获得问题解决的方法和策略。"聚焦现场，对接问题"和"追随需要，动态生成"为问题驱动制提供了重要的前提。

● 内容"预知"制

该方法是在教研组长参与活动前，为了激发教研组长的主动性，引导教研组长积极参与到活动中来所采取的方法和策略。如预先告知参与活动的内容，阐明本次活动项目的研究内容（任务）以及产生的背景、意义和愿景，甚至让培训者有意识地组织各种活动，引导教研组长感受研究内容（任务）的真实存在，解决的必要性和急迫性，使研究的内容（任务）成为教研组长的内在需要。

● 组队自愿制

"全景式学习"中教研组长的学习是以小组为单位的，可以根据自己的需要、共同的问题、互补的需要等自愿组合，可以两人一组，也可以三人或者更多，没有统一要求。

● 过程"加热"制

在引导教研组长参与项目活动时，因人因时因事，运用多种方法使教研组长始终对活动有饱满的热情，使研究活动走向深入。具体有："有困难的时候：垫一垫""刚好的时候：推一推""胜任的时候：激一激"。

有困难的时候：垫一垫。随着研究的进一步深入，随时都会出现各种困难，培训者需要时刻关注活动进程中的情况，细心观察，急教研组长所急，想教研组长所想，利用多种资源和途径，帮助教研组长共同解决困难。研究中的困难会很多，如团队合作中出现的问题,培训者需要在细致了解的前提下,做好润滑剂的功能,帮助解决合作中的问题。有些在教育研究中的问题,培训者可以做好"咨询师",帮助他们解决或者请相关的专家进行把脉问诊,帮助解决等,最终能够齐心协力,共渡难关,把活动推向深入。

刚好的时候:推一推。学习活动中有时候会出现异常顺利的现象,此时,教研组长们可能会沾沾自喜,出现松懈的现象。这时培训者需要发挥"管理者"的角色,在善意的提醒下,帮助他们确立新的目标或者进一步的研究指向,或者对研究的活动以旁观者的身份提出新的质疑,推动教研组长做出新的探究和思考,使研究活动导向深入。

胜任的时候:激一激。对于完成研究活动的教研组长们,培训者需要以欣赏的眼光激励他们,使教研组长们体验在研究活动中自身的角色和身份,体验成功,在获得认同和赞赏中激发进一步参与的愿望。激励的方法有很多,如推广他们的研究成果,介绍相关的经验,评选优秀研究者,甚至以另一种研究任务作为奖励,引导教研组长们进行挑战等。

6.4 放中有引,引中推进

"全景式学习"会提供一定的时间和空间,让教研组长们根据自己选择的问题或者相关的内容放手实践和探究,减少不必要的束缚,激活思想,形成"百家争鸣"的氛围,参与学习。但是,放手不等于不管不理,而是如何"理"的问题。采用"放中有引,引中推进",即在鼓励教研组长们放手探究的过程中,注重对教研组长探究活动的引导,在引导中推进教研组长研究的深度,拓展能力,提高认识,促进成长。

这种引导功能体现为专业引领,突破同一层次教研组长之间在横向互助中存在的难以突破原有水平的现象,是嫁接理论和实践的桥梁,能够用理论来解读实践,重建理论和实践的关系,提升教研组长对问题的认识深度和持续性。专业引领者一般有院校专家、教研员或者富有经验的具有自己教学风格的资深的教师。

有效的专业引领,对提升教研组长的教研能力有着重要的意义。首先,便于实现知识的"远迁移"。实现"远迁移"是学习的核心目标。在教研组长们参与研究的过程中,由于自身水平的限制,往往会局限于对操作性策略的研究,而较少地思考背后的理论支撑,因此在学习中实现"远迁移"的较少,更多的则是"近迁移",这样就影响了教研组长教研能力的提升和理论水平的提高。但专业引领却能让教研组长们的认识由"眼前"走向"背后",把目光从"现象"走向"本质"的探寻,搭上理论和实践的桥梁,使理论和实践融为一体。

其次,有效的专业引领帮助教研组长更好地识别复杂的教育教学情境,采取更适宜的行为。专家型教师有着丰富的教育教学理论和经验,因此,对于情境的复杂性和不确定性有着更为深入的见识和应对策略，可以弥补教研组长们由于视野狭隘而引起的探究活动的不深入的现象。

第三，有助于形成对话，促进知识共建。专家型教师实质性地参与到教研组长们的探究活动中来。在这里，专家型教师发出的不同声音，又有助于激起教研组长们的进一步思考，在听取专家型教师的建议和观点的过程中，领会其中隐含的意义，打破自己固有的思维定式，从中获得灵感，促进知识的意义建构，获得成长。

"放中有引，引中推进"的主要的实现方式是"阶段梳理集体制"和"专业引领适时制"。"阶段梳理集体制"强调集体进行阶段梳理，即中期反思，通过集体的反思来引导下一阶段的学习活动。"专业引领适时制"主要强调引领的有效性，避免"专业的空洞化和引领的空泛化"[1]。因此需要注意专业引领的前提和时机。

专业引领的前提：要求对研究的问题有一定的研究时间和基础，已积累了一定的经验。此时，就遇到的问题或疑惑进行专业引领就显得非常有用，容易产生共鸣，有利于消化和领悟专家的指导精神，更好地内化，转化为实践行动。

专业引领的最佳时机：在瓶颈中实现新的突破和跨越。"当某个幼儿园的教师集体在倾尽自己的智慧，达到一个不可逾越的平台时，进行专业的引领最为有效。"[2]可见，在团体研究中，瓶颈的产生使参与研究的教研组长们产生适度的焦虑，强烈的解决问题的愿望驱使他们寻求瓶颈的突破，有利于被指导者感受自己的需要，产生进一步学习的愿望，使"专业引领"成为"'我'的需要"，成为被指导者研究中的"及时雨"。研究证明，只有当学习成为自己内部的一种需要时，才是有效的。因此，专业引领的适时出现，把教研组长推向另一个高度，实现新的突破和跨越。因此，不是任何时候都要有专业的引领，任何时候有专业的引领也是不切合实际的。

专业引领的最佳时间，可以是：

——凌乱时，理一理。就是指在教研组长群体参与项目制的活动时，对问题的把握、策略的抉择等无从入手，比较忙乱的时候，可以请专家帮助"整理"，即从另一种角度找出头绪，帮助整理思绪，寻找问题的症结，重新肃清关键问题和其他干扰因素的关系，引导教研组长们重新走上有方向的探究之路，重拾信心。

——疑惑时，点一点。教研组长们在学习过程中，冥思苦想之后，碰到通过个体或者同伴互助都不能解决的问题或者共同的疑惑时，可以"借用"专家的"脑袋"，请专家"点拨"，进行"答疑解惑"，使教研组长们"茅塞顿开"。

——单一时，拓一拓。教研组长们由于受知识和经验的限制，在活动中，难免会出现

---

[1]　黄文龙：《"专业引领"话缺憾》，《中国教师》2004 年第 12 期。

[2]　刘占兰主编：《促进幼儿教师专业成长的理论与实践策略》，北京：教育科学出版社，2006 年版，第 32 页。

"思路狭隘""策略缺失"等现象,此时,可以借用专家的知识和经验"广博"等特点,帮助打开视野,拓展思维,体现探究的多元和丰富,同时感受专家的思考角度,对教研组长来说,也是一种影响和学习。

——急躁时,稳一稳。在研究过程中,教研组长们难免会出现急躁现象:如碰到难题时因为一筹莫展而无助;由于收获不到自己理想状态的效果而无奈;由于时间紧迫担心无法完成而引起的焦虑等。此时,专家的出现不仅在专业上使教研组长们得到支持,还在情绪情感上提供支持和引领,使教研组长们能够得到心理安全,放心地走在研究的行列中,因为身后有一个强大的支持团——专家。同时,在与专家的交流中,教研组长们能够体悟到专家孜孜以求、甘于寂寞的学术研究精神,总之,可以使研究成员走出浮躁,走向平静。

进行专业引领的时候需要关注专业引领的目的,而不是形式为上,因此需要注意:

——建立专家库,把知识和专家进行连接。在需要的时候能够及时地找到所需要的专家进行直接交流,也就是绘制"知识地图"(Knowledge mapping)。建立专家库,帮助教研组长在探究活动时能够及时地获得相应的帮助,当然,需要对专家库成员做好考察,了解专家库成员,准确描述相关信息,要求专家库成员定期到幼儿园考察和了解情况,以便能结合实际更好地指导活动。对幼儿园一点都不了解的专家来指导,往往会停留在大理论上,或者出现个别"理论"的"倒卖"现象。

——注意防止"依赖专家"的倾向。前面说过,专业引领有一定的时机和前提,但是在实际过程中,却出现对专业引领和专家型教师"等靠要"的现象,过分依赖专家。如有的小组长期聘用专家型教师,平时不做探究活动,专家来了,请专家听听活动,做一个讲座,专家走了,活动也就没了。教研组长的成长是建立在自我实践研究之上的,过分依赖专家,束缚自主性和独立性,是不可取的。

——用自己的思考和专家对话。专家型教师有着他们自己的知识优势,但是"专家是相对真理的探索者,而非绝对真理的代言人;专家擅长于从某一立场或视角发现和解释问题,但并不是万能的实际问题解决者","专家不是权威"[1]。同时"专家多",观点纷杂,会使教研组长们无所适从,出现盲目性和机械化,即陷入"跟从的被动化"[2]。因此教研组长们需要用自己的思考来看待专业引领,用自己的思考与专家对话,真正在内化和吸收中接受专业引领,避免"神化"专家。

---

① 朱家雄、张婕:《重构教师与专家之间的关系——建构园本教研共同体需调整的关系》,《幼儿教育》2005年第11期。

② 黄文龙:《"专业引领"话缺憾》,《中国教师》2004年第12期。

6.5　经历过程，体悟成长

"全景式学习"活动由于强调教研组长用自己的研究方式参与学习，注重学习中的经历，突出体现了教研组长在研究过程中所蕴含的价值和对价值的体现。这种价值集中体现在研究活动过程中，不是按照计划一成不变，而是在过程中不断地反思、调整、前瞻性地预测、灵活地处理相应的问题等，在探究活动中重新建构观点、建构机智、建构与他人的关系。可以说这种过程伴随着种种"惊喜"：出人意料的发现、出人意料的结果、出人意料的碰撞火花、出人意料的观点、价值观或者思维等。在动态生成中，不断地获得智慧，获得经验教训，获得自身独特的感受，以及对自身价值的进一步思考和反思，对他人的重新认识和评价等，这是一种过程中才具有的人的成长。教研组长也只有经历这样的过程才能更好地获得成长。如在集体备课中，探究如何引导教师走好"过程设计"，教研组长们对最后的研究结果倒都不是十分在意，而研究过程中与同伴的争执、遇到瓶颈时的那种煎熬、共同探讨活动形式的愉悦和享受，以及整体的"思路过程"，对教研组长的影响就非常大，更能体现一种成长。

"经历过程，体悟成长"的主要实现方式有"成果转化制"（将研究所得的感触转化为文本，参与交流、评奖或发表，用结果性的收获让教研组长感受成长）和"幸福畅想例会制"（更多地聚焦于过程中的所感所想，交流中感受彼此的认同和成长）。

为了保证这一模式的实现，有效地促进教研组长的成长，根据教师的成长规律和学习规律，以激励和反思为两方面构建"两线"，即"教师激励之线"和"教师反思之线"。"两线"贯穿学习活动的整个过程。"教师激励之线"包括了成长愿景制和感受累积制。

● 成长愿景制

制定《教师成长目标》，将教师的成长阶段分为四个时期：新手期（1～3 年教龄）、适应期（4～8 年教龄）、胜任期（9～15 年教龄）、超越期（15 年以上教龄）。每一个时期都从事业心、教学能力、研究能力、交往能力和组织支持等几个方面进行详细表述。《教师成长目标》有利于作为一个骨干教师的教研组长思考：我想成为怎样的老师，距离教师成长目标还有多大距离，哪些做到了，哪些还没有做到等。同时根据园本教研背景下教研组长的角色和要求，给自己制定《成长规划》和《学期教研目标》，用目标和愿景来激励自己。

● 感受累积制

定时定期对教研组长的学习活动进行整理，记载在《教研组长培训记录本》《教研月记》上，及时将自己的所得进行"盘点"，用收获激励自己。如每一次教研活动之后教师们填写"甜蜜储蓄卡"(见表 6.1),有助于教研组长从教师的反馈中获得对教研的感受。感受累积制的推出,能够使教研组长收获成就感,会给成就感相对少的教师增添一种压力,驱动她在下一年中更好地努力或有所提高。

表 6.1　甜蜜储蓄卡

时间		教研内容		姓名	
甜蜜内容	我的指数感受(10 分制)	我的语言感受(20 个字左右)			
内容亲近指数					
自我参与指数					
效果有效指数					
情绪愉悦指数					
心灵触动指数					

反思之线包括了小组研讨"四六"制和团队反思制。

● 小组研讨"四六"制

即在"全景式学习"中注重研讨的意义,影响教研组长的思维,对团队协商互助起到作用。注重研讨的过程,揭出了"一个活动内容,如果用 10 分来计算,那么 4 分在观摩,6 分在研讨,甚至研讨的比例可以更高"的观点。为了更好地发挥研讨的作用,对研讨的规则做了调整和改变,首先明确了研讨活动主要是为了学习,而不是相互比高低、挑刺。其次,在研讨活动中需要关注自己"学到了什么",而不是"应该怎样,不能这样"等;研讨的方式强调开放、畅所欲言、没有权威,真正让研讨活动成为大家"合作学习"的场所,把实践当作研讨的案例,学习也就成为案例分析式学习。

● 团队反思制[①]

注重反思行为,"时时反思""处处反思",建立良好的反思习惯,从反思中学习和成长。在引导教师进行反思的过程中,更多地引导教研组长做批判性反思,如"我这样教对孩子意味着什么,对孩子有意义、有价值吗?""这样的教研活动对教师的影响有哪些,有一定的意义吗?"从意义上进行价值思考,审视自身的教育和教研行为。

团队反思制可以采用多种反思的方式,如"小纸条"技术(见图 6.2)、"五边形思考法"(见图 6.3)、"两支笔"记录反思法(红笔和黑笔,红笔用来记录及时的反思对话,黑笔则是记录见到的现象)、左右栏(左栏记录现象,右栏记录自我反思)、立体反馈(教研组长、培训主持人等从多方面对同一事件进行反馈)等。

---

① 注:这里所讲的"团队反思制"是从机制上来讲的,和第 7 章中"团队"策略中所用的方法一样。具体的表述可见第 7 章中"团队策略",以及第 10 章中"小纸条技术"的运用。

图 6.2 "小纸条"技术

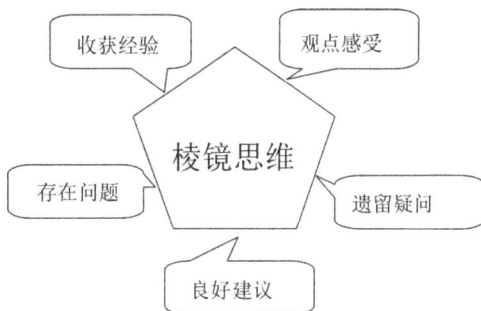

图 6.3 "五边形思考法"

以上几种方式,不是相互割裂的,而是互相融合的,整个学习活动开展过程的实现,需要通过问题解决模块制来保证。

问题解决模块制和培训工作征询制、团队反思制等一样,都是"全景式学习"中提升教研组长教研能力的重要机制。问题解决模块制体现了解决问题的系统化,全方面推进园本教研设计思路,保证研究问题解决的彻底性,探讨的深入性。

如有关对绘本教学问题的研讨过程就能很好地体现问题解决模块制(见图 6.4)。

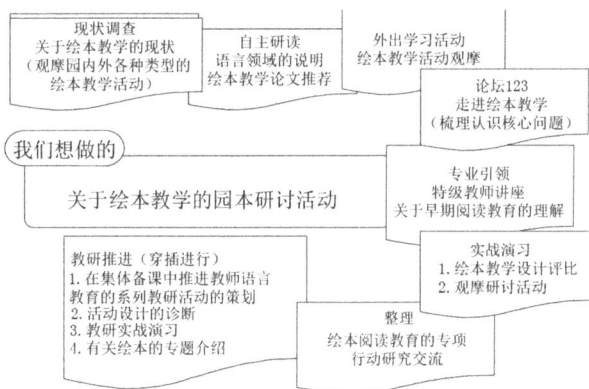

图 6.4 以绘本教学的园本研讨为例看问题解决模块制

当然,这一模式的行进是不断提升、循环往复的,体现了行动研究的基本精神。

第7章

立足基点： 探寻提升教研组长教研能力的策略①

"全景式学习"提升教研组长教研能力的模式构建和实施需要一定的策略和支持，"立足基点"提升教研组长教研能力的具体策略有："融合"策略、"扎根"策略、"团队"策略和"循环"策略。

7.1 "融合"策略

"融合"策略指的是培训活动立足"系统培训"的视野，并融合了对有关园本教研相关因素的研究，如"园本教研背景下教研组长的特殊的教研能力""园本教研背景下教研组长如何重构教研""园本教研背景下教研组长如何进行知识管理""教研策划在教研活动中的意义及如何策划""园本教研背景下教研制度改变的内容和方式"等，即倡导"学、研、训"一体，有利于形成"工作学习化，学习工作化"的团队文化。

"融合"策略改变了以往单一的培训方式，教研组长既是培训的对象，又是研究的主体，在广泛而积极的参与中自主建构，形成在问题中学习、探究式学习的学习习惯和工作方式，更能提高培训绩效。

【案例7.1 "跟进"教研活动中的"融合"】 在培训初期进行的《教研大调查》的问卷中，"跟进"这个词引起了分园老师们的注意，于是他们查找资料，学习和丰富有关"跟进"的知识，同时在教研课中学习运用"跟进"的教研方式。那么在教师个体的教学活动中，什么时候需要跟进？可以跟进什么？跟进方式带给教师的工作体验等成为教师们关注的焦点，于是他们利用积累的有关"跟进"的知识、教育中的案例和自身体验，开展了一次有关"跟进"的梳理式教研活

---

① 本节部分内容系何黎明发表于《学前教育》2008年第6期上的论文《教研组长培训策略的实践研究》，略有修改。

动。在进行培训中，教研组长们不仅通过观看和研讨，了解了"跟进"的知识以及教研理念，同时，以某幼儿园对"跟进"教研活动的设计和现场展示为案例，对大家关注的"在园本教研背景下如何重构教研"进行探讨和研究，获得了"问题为线，定'点'著'说'""案例为源，把脉问诊""讨论为主，因势利导""梳理为本，求同存异""反思为重，'教学相长'"的教研重构理念。

从以上案例可以看出，理论思考、实践探究、活动跟进、现场反思等方式在活动中充分地连接在一起，体现了"学习、研究和培训"的融合。

7.2 "扎根"策略

园本教研是"基于幼儿园、关于幼儿园、为了幼儿园"的教研活动，是扎根于幼儿园的教研方式。教研组长培训坚持"扎根"策略，即培训内容和来源聚焦教育现场，开展扎根研究范式，提升教研组长的能力。

教研组长培训活动的内容来自于我们幼儿园中日常教育教学大环境，聚焦教育现场，以教育教学中的问题为教研内容进行研讨，以解决教育教学中的实际问题为目的，推进教育教学，获得幼儿的发展，使培训活动直接能解决当前的教育问题，为教育教学服务。同时这一过程可以引导教研组长把目光转向活生生的教育情境，培养问题意识并增加问题敏感度，建立"园本教研某种程度上是问题教研"的观念。如"集体备课中如何'备幼儿'""科学区域中材料适宜性的探讨""数学区域中材料如何调整"等。

扎根研究就是能够基于教育现场，通过对所获得的大量教育现场的实地研究资料分析、提升的一种研究方式。培训活动"聚焦教育现场和教研现状"，"从具体的教研活动案例中研究和提升园本教研的规律、特点等"，运用"扎根"的方式，力图通过教研组长在系统收集和了解资料的基础上，对幼儿园现实教研活动中的问题和行为进行全面掌握和解析，形成一种新的观点，体现了"自下而上"的研究方式。如从教研活动"如何'备'幼儿"的活动中提升出"打开天窗说亮话——引导教师'自我暴露'的破冰策略"。

7.3 "团队"策略

"团队"策略基于"打造教研组长共同体，倡导团队的协作反思"的培训理念。教研组长培训从本质上来说创造了教研组长相互沟通、对话的平台，使教研组长运用他们相似的经历、共同关注的话题和岗位成长要求，探讨交流，在共同的学习和研究培训中，形成"教研组长共同体"。

"团队"策略还表现为在培训活动中更多地以"小组"为团队出现,强调团队的共同荣誉,把个人能力与团队捆绑,创造"1+1>2"的绩效。"小组"有时以年级为单位,有时又以教研组长的"相同疑问内容"等为单位。这种"团队"不仅培养教研组长的团队意识,还形成了组内合作、组间良性竞争的氛围。

"团队"策略表现为在培训活动中倡导团队"协作反思",一改以往教研组长个体反思为主的形式,强调人人参与、人人贡献,形成教研组长间"内在交互主体性"交往,创造开放、接纳的教研培训氛围,培养教研组长的批判反思能力,提升教研组长的教研能力。在"协作反思"中,主要运用的方式有以下几个方面。

7.3.1 "小纸条"形式①

"小纸条"形式指对某一个问题,每一个教研组长把自己的观点写在纸条上,集中张贴,相互阅读后,须针对某一个观点提出自己的建议或疑问,请作者答疑或集体补充,可鼓励每人动脑,杜绝人云亦云现象。如在关于"集体备课"的教研组织现状的教研培训中,教研组长们利用小纸条形式进行"如何理解集体备课这一传统的教研形式?"的思考,他们写道:"可以发挥每一个教师的个体智慧,新老教师相互影响,加深理解幼儿园的课程""提升教师的执教力,是一个自我创新的机会""集体智慧、资源共享、提高效率"等,写完后教研组长阅读其他教研组长的"小纸条"内容,对其观点有不认同或者不明白的进行相互质疑和问答。"小纸条"可以促进教研组长之间的群体反思,运用方法具体见第10章中的"小纸条技术的运用"。

7.3.2 "五边形思考法"②

"五边形思考法"是教研组长面对真实的教育情境,从"经验收获""存在问题""良好建议""遗留疑惑""观点(感受)"五个角度开展反思性对话,促进教研组长的自我反思和群体反思,提高反思的质量,实现"人人思考""人人透明""人人贡献""人人收获",建立一种新型的交往关系,在对话中实现意义的重构,见图6.3。

"五边形思考法"帮助教研组长走出"反思无门"的境地,多角度分析能够帮助我们打破"日常思维"的框架,打破"日常概念",走出"日常思维"的"陷阱",多角度思考问题,启迪新的思维,使思考走向深入。

"五边形思考法"的重要作用就是为教研组长的思维提供了一个自主的空间,承认了教研组长的思考是一个非常好的主意,每一个教研组长都是一个好的主意的生成者,

① 这里的"小纸条"形式见图6.2,主要是指借用"小纸条"引发教研组长群体反思的手段来讲;第10章的"小纸条技术的运用"是从技术手段角度谈"小纸条"的运用,虽然两者属于同一种,但是利用的出发点不同。

② 本节部分内容系何黎明发表于《早期教育》2009年第12期上的论文《让反思看得见,摸得着——"五边形"思考法促进教师成长的实践研究》,略有修改。

都应参与到活动中来。通过教研组长多角度的思考和贡献，促进教研组长的共同学习，打造学习共同体。

"五边形思考法"让教研组长们能够结合自己的教育经验，把隐性的实践知识通过五个角度的思考，逐步显性化，便于教研组长间的交流和互动，毫不保留自己的想法，做到"人人贡献"。

"五边形思考法"呈现的特点为：

强调互动。"五边形思考法"是基于教研组长教学生活，基于教研组长教育行动的思考方式。行动和反思之间的机制就是互动，"五边形思考法"体现了教研组长自己和自己的互动，教研组长和同伴的互动，教研组长和教育情境的互动，在互动中反思。

强调教研组长的监控能力培养。斯滕伯格认为计划、监控和评价是专家型教研组长的主要特征。教研组长成长和素质的核心是监控能力的培养。监控能力的培养包括了计划、监察反馈评价、反省、校正和评价[①]。运用"五边形思考法"有利于培养教研组长对教育的敏感性，比如自身教育行为的敏感度是否合适，引发情境变化的因素的敏感度，面对不同的教育情境需要采取积极应对策略的敏感度等；有利于教研组长迁移性的增强，能够把众多复杂情境下的、不确定的学习进行经验化解读，并运用到相似的情境中去。还能够让教研组长自觉地运用此方法进行反思，从外部的行为逐渐内化为自觉行为，提高自己的教育素质。

创造性的建构实践知识。"五边形思考法"的五个角度："存在问题""良好建议""经验收获""观点感受"等需要教研组长能够用自己的知识解读，体现了批判性、创造性和发展性，使思考外显，教研组长的教育实践外显，在批判中扬弃，获得自己的需要，如对教学的合理性的追求，对当下教育情境的感知、辨别和顿悟等。案例 7.2 中，教研组长运用"五边形思考法"中的"存在问题"和"良好建议"做出思考，从文字间可以看出教研组长对问题的批判、自我建构以及创造性。

【案例 7.2　老师，我好了！】

存在问题：手工区，当旷拿着作品对老师说："老师，我好了！"老师看了看，让旷将作品留白的地方用材料填满，旷拿着作品慢腾腾地回到手工区，边摆弄着作品，边嘟哝着："我就要这样，白白的！"这样的现象几乎存在参与手工制作的其他孩子身上。

良好建议：幼儿作品表达的是幼儿自己的情绪情感和主观感受，因此，当孩子说"老师，我好了"时，教师更多地需要倾听幼儿的表达，了解幼儿作品的蕴

---

① 庞丽娟：《教师与儿童发展》，北京：北京师范大学出版社，2003 年，第 145～183 页。

含的寓意,触摸幼儿的所思所想。而不是将自己的意愿强加给幼儿,追求画面的"满满当当",要求幼儿把"白白的地方填满"。

"五边形思考法"主要以五个问题或关键字的形式出现,引导教研组长根据五个方面对所面临的教育现象,结合自己的经验,逐个思考,获得发展。

(1)收获经验:让教研组长的智慧"最大化的艺术"

"收获经验"即说优点,说优势。主要指面对教育情境中对他人或者自己的教育经验和实践智慧,用欣赏和学习的眼光看待,引导教研组长对其进行关注、肯定、获取和价值判定,最终能够有意识地最大化地运用这种智慧,指导自己的教育实践活动,提供最适宜的教育教学行为。同时"收获经验"能够促进教研组长间积极的关系建设,让教研组长感受自我效能感,在同伴的赏识中,感受自己的价值和工作的意义,应该说这是一种"阳光行动",积极的同伴文化建设。

"收获经验"利用了正强化原理。因此在反思过程中引导教研组长从"收获经验"入手,通过"认同和欣赏",强化行为和行为效仿,实现反思和交流的目的,也有利于教研组长自己主动建构,而不是别人告诉她,这样印象更深刻。

【案例7.3 观摩具推动感的环境创设之后,教研组长对"收获经验"的感受】

我觉得所谓的推动感是一种以幼儿为主体,教研组长为主导的一种渐进式的推动。这是本次学习的最大收获,对此,我有以下几点理解:

(1)在推动感的环境中,主题的进行和渗透主要依靠教研组长根据幼儿的兴趣,逐渐丰富和完善递进式的推动。

比如蔡老师班里的主题角"班里来了蛋宝宝",先通过各种途径猜测老师带来的是什么蛋宝宝,再记录它的变化,最后寻找关于胎生和卵生的资料等等。这一系列过程都可以看到教研组长根据孩子的兴趣慢慢地生成主题,这种渐进式的推动过程离不开孩子的探索精神,也离不开教研组长对于捕捉教育契机的敏锐性。

(2)推动感环境对于材料投放的要求是渐进性的投放,要求具有一定的层次性,孩子可以根据自己的能力进行选择。比如图中小班科学区域"大变小",教研组长可以根据孩子的能力逐渐提供工具让其进行操作;在美工区"有趣的折纸"活动中,孩子可以根据自己的能力进行选择。

"收获经验"的一般表述形式为:

——"结合幼儿园阅读角的创设,让您收获最大的具有推动感的阅读角是哪一些?

请举例说明。"

——"本次讲座，让您收获了哪些经验？"

——"本次教研课中，您收获最大的是什么？请用一个例子加以说明"。

（2）存在问题：在实践中形成"最小化的缺陷"

"存在问题"即说不足，说缺陷。针对教育情境，教研组长能够以自己理想的教育或他人优秀的经验为参照，找出教育情境中存在的不足或缺陷，引起关注，思考"为什么会出现这样的缺陷"，并在以后相似的教育实践中能够尽可能地避免。

开展"存在问题"，具有以下作用：

——引导教研组长的问题意识。用批判性思维寻找教育应然和实然的差距，学会质疑，学会提问题、能用语言进行表征，这些是教研组长进行反思的重要表现。

——以"存在问题"为"引子"，引导教研组长探究背后的原因，使思考走向深入。表述存在的问题、基本要求，在反思中，引导教研组长跟随问题进行分析，学习解决对策，尝试解决。用这种过程，鼓励教研组长经历问题解决的过程，经历思维搜索，使之变成一种习惯，同时能够锻炼教研组长自主学习的倾向，真正做一个具有研究性的教研组长。

——引导教研组长努力做得更好，努力减少"不足"。寻找"存在问题"与"收获经验"，虽然是两种角度，但是通过寻找"存在问题"，教研组长能够在思考问题的原因的同时，对自身教育教学行为起到"警示"的作用，或者说是"预警"作用，保证少犯或者避免发生类似情境下的行为，努力使自己不适宜的行为减少，这也是教育教学的进步。

——了解教研组长对问题的敏感度以及对问题的把握。对教研组长来说，通过阅读教研组长反思中的"存在问题"，可以把握教研组长们对问题的看法、感受以及敏感度等，了解教研组长们的教育教学现状，可以说，多了一个渠道了解教研组长们的专业发展状态。

"存在问题"的一般表述形式：

——"你认为存在的问题主要是什么？请举例说明。"

——"你认为在本次区域交流中主要存在什么问题，请用照片或者文字进行举例说明。"

（3）良好建议：在贡献自己中感受问题的解决过程

"良好建议"即贡献智慧行动。针对教育情境中的"存在问题"，教研组长在分析原因的基础上，根据自己的教育经验，能够提出具有操作性的策略，解决出现的问题，感受问题解决的过程，为他人提供优化的教育策略。这是教研组长个人实践知识的贡献和运用，是教研组长个人实践知识显性化的过程。

"良好建议"环节具有：

——引导教研组长有一定的策略意识，展现教研组长的创意——新观点和新想法，体现对教研组长"智慧"的尊重和引导教研组长"贡献自己"的倾向。面对具体的教育情境中出现的问题,教研组长需要有"想解决"的倾向,有"想知其因"的愿望和冲动,然后激发思考,用自己的经验提出自己的设想,体现教育的艺术性,提供一个互助互学、开放自己的平台,体现教研组长的价值性和"发言权"。

——激发教研组长能够深层思考以及尝试深入解决问题的程度,感受问题解决的过程。"良好建议"的提出,要引导教研组长在有一定的策略意识的基础上,尝试解决,经历问题的过程,也就是思考的路径,这对教研组长来说是最重要的学习能力。因此从这一意义上来说,"良好建议"的提出,就是试图告诉教研组长这样一个过程,引导教研组长进行有目的的思考,促进思维品质的提高。

——"集思广益"。"良好建议"的最终结果是教研组长提出自己的设想和建议,供大家交流、学习,并接受大家质疑。俗话说"三个臭皮匠,顶一个诸葛亮",在"集思广益"中,感受智慧,感受集体的力量,寻找到最优化的教学方式,阅读彼此间的具有个人化意义的见解,也是教研组长间资源充分利用以及最具魅力的环节。

——考察教研组长的策略性。一个管理者通过"良好建议"一栏,可以看到教研组长的策略性,可以看出教研组长的教学适宜性、灵活性、创新性等能力。

"良好建议"的一般表述形式为:

——"针对存在的问题,您有什么良好建议吗?"

——"根据您观察到的问题和不足,您的良好建议是……"

(4) 遗留疑惑:让"困境"展现教研组长的思考点

"遗留疑惑"即提困惑、提疑问,这是对教研组长教育情境中"困境"的展现,教研组长提出的"遗留疑惑"有两种:一种是教研组长面对"存在问题"环节,除提出的"良好建议"之外,留存的问题,即在"存在问题"环节中,自己不能解决的、直接面对教育情境产生的一部分"问题";另一种是在教研组长提出"良好建议"之后,由自己的建议新产生的问题。

"学,然后知不足,教,然后知其困",教育学的"问题"指的是困惑、疑问、困难、困境,它们始终是教育对话的主题。"困难""困境"是我们必须去阐述、研究并始终保持关注的东西。因为这些困难和困境都成了"有意义的问题",或者说是"有意义的疑问"。因此问题的发现就是教研组长困惑、困难、困境的发现。

"遗留疑惑"环节有助于:

——引导教研组长承认自己的教育困境,明晰、梳理自己的困惑,以"为什么"等形式进行问题化呈现,树立教研组长的问题意识。

【案例 7.4 一次专家讲座以后的教研组长疑问】

幼儿园开展显性的数学活动,是否像朱老师所说"开始上课了,下课了"?

数学活动游戏化，不是我们的教学所追求的目标吗？

幼儿园的孩子是否需要给他们"上课"这一概念？"玩中学"，我想教学活动特别是数学活动，更需要游戏化、儿童化，使幼儿喜欢接受，愿意接受，从而达到如朱老师所说的"愿意学习就是情感的最高表现"。

——引导教研组长产生以"问题"驱动解决的倾向。

——通过展现"遗留疑惑"，可以帮助教研组长了解和收集教研组长的教育问题，寻找教研组长的"拐点"，进行"问题管理"，引导教研组长们进行互相对话，开展适宜的园本教研活动。

【案例 7.5 阅读角观摩后，教研组长们的"遗留疑惑"】

教研组长甲：我发现大班阅读角活动中都有"做图书"活动，但是，看幼儿制作的图书，能叫图书吗？是否应该教幼儿相关的内容？

教研组长乙：书有一定的前后发展顺序，但是，看幼儿制作的图书，都是"百科全书"式（指前后内容没有一定的内在的逻辑关系——作者注），那么如何让幼儿明白这种关系呢？

教研组长丙：做书幼儿很喜欢，但是有的幼儿感觉有点"力不从心"，如何面对这种差异呢？

教研组长丁：图书制作中如何让幼儿能够有一个完整的感觉，让幼儿制作的书像一本书呢？

教研组长戊：制作图书中发现教研组长的激发很重要，如何激发？幼儿编完整的故事，如何才能更完整呢？

……

培训者看到以上教研组长们的疑惑之后，收集了阅读角中幼儿的作品，进行了认真的观察，发现教研组长们的疑惑所在。于是，开展了"教师在幼儿图书制作中的支架"教研活动，揭开教研组长们的疑惑，进行引导。

"遗留疑惑"的表达形式一般以"你最疑惑的是什么？""你还有什么疑问吗？"来引导教研组长表述和反思。

（5）观点感受：情理表现中获得思维的概括和提升

"观点感受"指教研组长面对教育情境产生的一种情绪情感上的主观体验以及对教育情境的一种理性的梳理和总结，引导教研组长学习概括，提升思考的水平，提高反思的质量。

一般来讲,感受是一种情绪情感上的,而观点则是理性的。

"观点感受"环节有助于:

——情理相容,使反思更全面和生动。

有人曾经提出"学习是快乐的",真正的学习未必是快乐的,但是我们可以通过一些环节的设置,努力创设宽松的氛围。这有助于理解教研组长,创设宽松和良好的心理支持,让教研组长放松自己进行反思。"说感受"引导教研组长通过自己的主观体验,感受一种人情和人性,可以说,为学习(比较枯燥的学习)抹上了一缕情感色彩,容易引起大家的共鸣和兴趣。

如在观看一组"同伴互助"的照片后,教研组长们纷纷用几个字表述自己的内心感受:

"有朋友真好""s—s""N—n""s—n""镜子""痛并快乐着""遥远而熟悉""温暖""三人行,必有我师"。

在引导教研组长们作进一步解释时,教研组长一下子打开了"禁锢",大家纷纷发言,表述自己的心路,该方法引导教研组长走上参与研讨之路。同时试图以教研组长情绪和情感上的感受为切入点,剖析喜欢和不喜欢的原因,寻找症结,尝试解决问题。"我对这次活动为什么喜欢""为什么不喜欢"。

——学习概括和提升。概括和提升是一种很重要的思维能力,幼儿园教研组长的概括和提升能力相对比较弱,因此在进行反思过程中,"观点感受"就是引导教研组长学习概括,提升思维的品质,促进教研组长对知识个人化的建构。

【案例7.6 一次"目标与材料的关系"的观摩活动后教研组长的观点】

目标是材料的灵魂,材料是实现目标的途径,材料的选择应该紧密围绕教育目标展开,切勿做一些外表花哨,内实无物的"形象工程"。

教研组长要善于观察,通过观察幼儿的操作情况,勤思考,能调整,增加游戏的层次,再结合游戏的目标修改投放的材料,如果教研组长没有认真观察幼儿的操作情况,就无法发现材料的问题。

目标就如指南针,指导我前进;离开它,我就会成为"迷途的羔羊",什么都"徒劳无功"。

材料和目标是相互依存的。

每一份材料,都要问一问:目标在哪里?

……

——了解教研组长的整体感受,使教研更能展现教研组长的需要和反映教研组长的问题，考察教研组长的思考深度。

"观点感受"的表述方式一般为：

——对于环境的推动感，结合本次学习你认为主要是指什么？

——针对本次讨论的主题，你有什么样的观点？

——本次观摩活动，你有什么样的感受？

——看了今天的活动，你的感受是什么呢？请用 10 个以内的字加以回答。

运用"五边形思考法"需要注意以下几点：

首先教研组长是主体，反思要注重"人人思考""人人透明""人人贡献""人人收获"，关注的是教研组长真实的反思状态。

——说明"五边形思考法"的意义和操作方法。引导教研组长开展"五边形思考法"需要对教研组长进行说明，如何使用和开展，各环节之间有什么关系，这样做的目的和意义是什么，只有指导了怎么做，才可能引导教研组长更好地去做，才能达到发展教研组长的目标。

——减少对教研组长反思的评价，如反思对与否、深刻程度等，而是持积极的一种状态，如认同状态和开放状态，引导教研组长开放地写出自己的真实状态，忌"人云亦云"。如在谈感受时，有的教研组长会唱"赞歌"，其实心里有点苦，但是又怕这样写不太好，因此"口是心非"，这就与教研组长反思的初衷相违背了。

——让教研组长都"动起来"，"一个都不少"。"五边形思考法"追求的就是让每一个教研组长都能思考。它为教研组长的思考提供了一个自主的空间，承认了教研组长的思考以及每一个教研组长都是一个好的主意的生成者，他们都参与到活动中来，有利于在集体反思中生成观念。

其次面向真实的教育实践。

——反思不仅是对教育实践的反思，更重要的是反思需要回归到教育实践，规范和提升教育实践是反思的重要方向。

——在引导教研组长反思中，尽可能地让教研组长利用现场的案例、现象来进行说明，使教研组长的反思能够"有理有据"，扎根实践，架上与实践的"桥"。同时引导教研组长能够用心地观察，有目的地观察，而不是"走马观花"式地观察。

第三是了解教研组长基本状态的"窗口"。

通过"五边形思考法"引导教研组长反思，让教研组长的教育实践和智慧显性化，这有助于教研组长和管理者了解教研组长的关注点、教研组长的思考状态和水平等。

——认真阅读，把握教研组长的真实需要。每一份反思都是教研组长们经验和现场对话的结果，是教研组长智慧的体现，因此教研组长或者管理者应该认真阅读。这既是对教研组长的尊重，激发教研组长更好地参与到反思活动中来，又能把握和了解教研组长们的基本状态和真实的需要。另外也是自己的一次学习。

——好好利用,以此为点,开展群体对话和交流。这一点非常重要,也表示了对教研组长实践智慧的一种管理。如对"遗留疑问"进行统计,分析教研组长最需要和最关键的是什么问题,哪一个问题大家关注的最多等,都可以从教研组长的自我反思中进行阅读,而不仅仅是一张简单的记录表,或者是为了存档。这体现"五边形思考法"在教研组长反思、教研活动等方面的多元价值。

最后根据实施情况,选择其中的几点进行也可以。"五边形思考法"包括了五个角度,但是在具体开展中可以根据反思对象选择其中的几点,而不一定面面俱到。

7.3.3 立体化反馈

立体化反馈指反思过程中,有培训主持人的反馈,也有参与者的反馈,同时也有参与案例展示活动的教师的反馈,有时会请专家、园长等,多角度、多形式地透视培训活动,提高成效。

7.4 "循环"策略

培训活动遵循"从实践中来,回到实践中去"循环往复、螺旋上升的策略,即"回归岗位实践,生成教研精彩"。培训的目的就是"学以致用",让教研组长能够胜任教研组长的岗位要求,建设新型的教研文化,推动教师的成长。同时培训倡导立足于日常教研活动的实践,要求教研组长把每一次的教研活动作为自己的"练兵场",在实践中真正积聚教研经验,锻炼教研能力。

如在教研活动中,我们以往更多地关注教研实录,出现了"讨论一人一句""实录详细却无价值""空洞,把握不到问题的本质""教研组长观点准备缺失"等现象,于是在教研培训中,开展了以一次"区域活动"为主要教研内容的"三进三出"式的教研设计、评析、探讨活动,提出了"重视教研策划"的教研理念。根据设计中试用表格的情况进行培训说明、讨论,研究出"背景缘由""教研目的""观点准备""已有案例运用和呈现""教研过程"等为主要组成元素的"教研策划"要素,使教研目的明确,杜绝"跑题";针对性加强,杜绝"无主题"演绎;教研活动更具生长性,便于教研推进,形成若干个教研片断组成的系列教研活动;指导性凸显。同时将研究的成果运用于日常的教研活动。

运用"循环"策略,能让教研组长在岗位实践过程中,积聚教研经验,并把它带入到培训活动中来,成为共同研讨和开展培训的宝贵资料,这样才能引导培训走向深入。"成功的经验"是"精彩的","失败的经验"同样是"精彩的"。

第8章

学研训一体：探索提升教研组长教研能力的方法

"全景式学习"在促进教研组长教研能力的提升方面，需要方法的跟进，用一定的方法来实现活动的实施，保证模式的实施。当然方法的跟进以教研组长角色定位、特殊能力为基础，在良好的生态环境下，结合具体的策略，转化为有行动特点的方式方法，即通过有目的的设计，将教研组长的学习、研究、培训融为一体，促进成长，具体有："以研为主，学训结合""以训为主，学研结合""以学为主，研训结合"（见图8.1）。

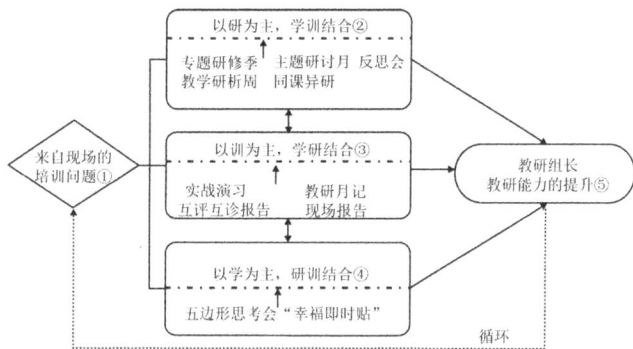

图8.1 "全景式学习"提升教研组长教研能力的方法

"学研训一体"的方法构建主要是根据来自现场问题的类型特性进行划分，最终促进教研组长的理解性学习。

8.1 以研为主，学训结合：在扎根研究中提升教研组长的研究能力

根据教研组长的需要和能力要求，以教育和教研现场中活生生的问题为切入点形成项目，以解决此问题为导向，把教研组长分成几个小团队，边研究边学习边培训，通过团队的合作、交流和专业引领，在解决相应的问题中获得相应的个人和团队的知识、能力，特别是研究能力的提升。

8.1.1 "项目展开式"的特点

（1）"以研为主，学训结合"突出体现了教研组长的"主位研究"取向。主位研究最早由西方心理学家提出，主位和客位是美国语言结构学家派克（K.L. Pike）从语言学的术语音素（phonemic）和音位（phonetic）中类推出来的，试图解决研究者和研究对象之间的矛盾问题。"主位研究"相对于他人的"客位研究"而言，是指以研究对象的视角和方位观察、分析问题，以研究对象的概念和标准处理和解决问题①。

"以研为主，学训结合"体现教研组长的"主位研究"取向，体现了教研组长是教育和教研现场中的人，与其是融为一体的。教育科学研究的"最基础、具有原始对象性质的是教育活动型存在"②。这种特点决定了教育研究需要与实践融为一体，是实践的"知情人"。教师研究的本体论和认识论的假设是：坚持认为教师所面临的实在不是独立于教师的客观现实，而是经由教师行动参与而形成的世界，是教师主动建构出的现实。对它这个行动世界的认识不能仅从外部去观察，还必须经由内部来理解，离不开行动者即教师的自身体验、感悟与意义建构③。教研组长的研究离不开教研组长的真实参与，教研组长面临的现实是教研组长参与其中的、共同构建出的现实，教研组长和面临的现实是融为一体的，教研组长是"现实（活动）中的教研组长"，现实（活动）因为教研组长的存在而完整，即体现"我在现场中"，"我"是"剧中人"，两者是难以分割的。

"以研为主，学训结合"坚持教研组长的培训活动是一种教研组长自己的"主位研究"取向，集"研究对象和研究者"为一体，体现"我在研究中"，"我"研究"活动中的我"，"我"研究"剧中人的我"，体现了"教育研究主体与实践主体的合一性"④，体现了项目展开式中尊重教研组长的发言权，使教研组长能够更为真实和有效地获得一手的资料，有助于消除在具体背景下的研究者和被研究者的"障碍"，增强文化的"锲和性"⑤。同时用自己的行动研究自己的问题，有利于用自己新的构思和新的视角，去发现新的问题，在参与中自主建构意义，一句话，需要教研组长用自己的行动研究自己的现实，研究自己面临的世界，用自己的话语来建构自己的现实，"更好地揭示或者解释教育的实在"⑥。

"以研为主，学训结合"也说明了教研组长成为研究者的可能性和必要性。当然，"主位研究"取向是相对于"客位研究"而言的，但两者其实是密不可分，互为辩

---

① 张涛、王磊生：《主位研究：文化心理学研究方法的新取向》，《赣南师范学院学报》2007年第1期。
② 叶澜：《教育研究方法论初探》，上海：上海教育出版社，1999年版，第335页。
③ 柳夕浪：《教师研究的意蕴》，北京：教育科学出版社，2007年版，第160页。
④ 姜伏莲：《论教育研究主体与实践主体的合一性》，《集美大学学报》2008年第1期。
⑤ 李炳全：《论文化心理学在心理学方法论上的突破》，《自然辩证法通讯》2005年第4期。
⑥ 柳夕浪：《教师研究的意蕴》，北京：教育科学出版社，2007年版，第160页。

证统一的。

（2）"以研为主，学训结合"倡导教研组长以"研究者"的身份研究"自己的问题"，突出体现了培训活动的"研"性特点，注重教研组长的过程学习，体现学习者的参与和体验是学习的重要方式，并在此基础上获得成长的培训活动。

这种"研究性"突出体现反思性，当教研组长以研究者的身份来参与研究教育实践的时候，研究过程就是自己所从事和面对的教育现场，是对目的、策略、方式和途径进行思考和研究，调整和改进的过程。同时在实践中教研组长更多地把理论运用于实践，在实践中提出自己新的见解，搭建理论和实践的运行桥梁。当然，这种渗透着研究，以研究为主的培训方式，也有助于教研组长在反思的基础上解放自己的思想，提高对教育现场的敏感度，愿意解除原有不适宜的模式和框架，进行创造性的活动，建构教研组长自己富有个性的独立理论，提升自己。

（3）"以研为主，学训结合"突出体现了基于行为学习法的学习范式。

行为学习法（Action Learning）是指个人通过活动中的参与来获得体验，然后在培训师的指导下，与团队成员充分交流，分享个人经验，不断地反思与学习，以提升整个团队认识能力的一种集体学习方式[①]。

"以研为主，学训结合"倡导"边研究边学习边培训"的方式，体现了"做中学"的培训理念，这也是行为学习法的重要的核心理念之一。正如杜威所说，"从'做中学'要比从'听中学'更好"，项目展开式倡导通过研究性学习，"从活动中学""从经验中学"，体现了学与做的结合，知与行的结合。用教研组长的"行动研究"，研究自己的日常生活，总结和梳理相关的知识和经验，使教研组长在做的过程中探究，获得成长，而不是直接从书本中获得学习。

"以研为主，学训结合"的培训方式"让学员在项目合作中互相学习，在个体学习的基础上最终走向集体学习"[②]，培训活动利用教研组长团队充分的交流和合作而展开，充分体现了学习的社会性和实践性，有助于强化过程学习对教研组长的突出作用，如有利于教研组长在交流中获得更多的实践知识，注重学习过程中的思考以及对学习过程中问题的发现，积极寻求问题的倾向和策略的获得，实现教研组长专业成长的主体生长性。

教研组长教研能力提升，主要反映在教研能力和教育教学能力的提升两方面，因此在培训活动中培训的内容主要分为：以探究教研活动方式、策略为主要内容的项目活动和探究解决教育教学中的现存问题为主要内容的项目活动。

---

① 焦锦森、夏新平：《基于知识共享的组织学习有效方式研究》，《河南社会科学》2005 年第 3 期。
② 焦锦森、夏新平：《基于知识共享的组织学习有效方式研究》，《河南社会科学》2005 年第 3 期。

8.1.2 实现"以研为主,学训结合"的实施方法

（1）专题研修季

此类探究活动主要是问题相对比较复杂或者在研究中不断生成新的问题,需要较长时间,甚至几年的时间共同来持续探讨完成的。如针对教师们对"家园工作"有众多的困惑,教研活动拟以此切入,但是教研组长本身对"家园工作"也存在一定的困惑,无力开展教研活动。于是培训活动将"家园互动"作为其中内容,带领教研组长进行了5年的研究,还成功申报为省教育规划课题。专题研修季可以使教研组长的问题探究深入,经历过程,富有动感。

（2）主题研讨月

对一个小问题的研修,通常可以用主题研修月的方式来开展。当然,"主题研修月"不是仅指一个月,还可能是两三个月,甚至一学期来完成,随着研究的深入,还可能上升为专题研修季的内容。

如在教材和教参丰富的情况下,在集体备课中,如何引导教师进行主题研读成为教研组长们共性的问题,培训及时捕捉需要,通过"主题研讨月",进行探究和引领（见图8.2）。图中虚线和实线方框分别表示一个主题研修月中所开展的活动。

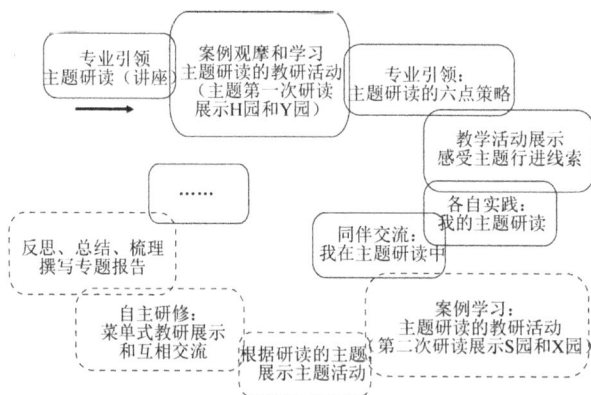

图 8.2 教材中主题研读的系列探究和进程

（3）教学研析周

针对一个教学活动中的问题,通常用研析周的形式来进行。在研析周中,一个教学活动通常以"上课——评课——再上课——再评课"的形式进行,有时候一个活动需要进行三磨甚至四磨。教研组长根据自己的工作安排和对内容的兴趣,随时可以参加观看、参与研讨活动,帮助教研组长积累相关的策略知识和研究的能力。

（4）反思会

共性问题一般以反思会的形式开展,在反思会中,大家互相倾听,互相碰撞,共同来澄清问题,获得问题解决的策略。如针对一日活动如何组织的共性问题,录制了优秀教

师的一日活动视频,引导教研组长细致分析,最后进行团队反思,获得一日活动的组织策略。

【案例 8.1 半日活动视频案例分析反思会部分教研组长的部分内容摘录】

1. 对视频中提供的半日活动,请说出你学到的 3 个或以上的优点和 1 个建议。

C 老师:走近孩子,利用孩子喜欢的喜羊羊贯穿整个集体活动;在晨间活动跳皮筋中分层分难度,给不同的幼儿不同的挑战,让幼儿的发展更切合自己的水平;鼓励孩子,给幼儿即时的肯定,让幼儿知道自己进步的地方和需要努力的地方。在点心环节中分饼干可由幼儿担任,中班幼儿能够达到这个水平,为什么不呢?

B 老师:我也是这样的看法,内容安排有一定的层次性,指导上有一定的策略;在生活环节中关注了每个幼儿;在主题教学中,充分调动了幼儿的积极性,目标明确,活动重点突出。但是,半日活动中"量"的控制,可以给孩子更多自主放松活动时间融合,教师过于高控。

Z 老师:但是我觉得还是有她"放"的地方,如让先完成生活环节的幼儿带其他幼儿玩,减少等待时间;讲故事的要求由幼儿自定,并以图的形式表现。另外,把念过的儿歌用表格形式记录下来,在餐前巩固复习,这一点特别好。我倒觉得让科学教育回归生活,在幼儿了解了不同物体滚动的路线是不同的基础上,创造机会让幼儿能在生活中运用,这样就更好了。

F 老师:我认为活动安排很丰富合理;环节一环扣一环;能持之以恒地开展专题教育,如餐前讲故事。但是,"安排丰富"像把"双刃剑",太"充实"了,孩子很累,满满当当,教师适当减少活动安排,给孩子留点自主安排的时间和活动。哪怕如晨间活动后让孩子整理材料(椅子、皮筋等物)、擦汗(自己擦干和互相擦汗)、餐前分用品等。

2. 针对视频中某老师的晨间接待、晨间活动和生活活动,说说哪些片段最能体现"一日生活皆教育"的理念。

Q 老师:一日生活中时时处处存在教育契机。例如,在生活活动中,有的幼儿不会拉裤子,孙老师很快注意到这一点,对他们说"先拉好里面的小内裤,再拉外面的裤子"。教给幼儿自我服务的方法,提高幼儿自我服务能力,而不是老师"包办"。

B 老师:教师的指导方法很重要,我看到在洗手环节,孙老师引导孩子灵活地调整队伍,"后面的小朋友是否可以考虑到另一水龙头去洗呢?"一个建议,让孩子感受灵活调整,减少等待时间。

C老师:在我们自己的半日活动中,有时候会有"无聊"等待,孙老师把儿歌设计成图表,让幼儿随时念儿歌,自然又清新啊!

F老师:我发现晨间谈话结合晨间活动,让每个孩子都有话说,又是对晨间活动的一个总结和提升,我觉得很好。

H老师:在小组讲故事时,当一个幼儿遇到困难时,请另一个幼儿给予帮助,注重幼幼互助;对于讲故事能力比较弱的幼儿让他配合故事做动作,给予幼儿另一种展示机会。

Y老师:跳橡皮筋时引导游戏的幼儿与在旁观看的幼儿进行互动,让他们一起念儿歌。在游戏中注重培养幼儿的秩序感。

Z老师:在晨间活动中设置不同难度的游戏,并反复给予指导和鼓励,让幼儿不断挑战自我。

……

以上是教师们在一日活动视频案例中的反思。反思中,教师有自己的收获,有认同和欣赏,但是也提出了自己的疑惑和建议,同伴间的思想有一定的碰撞。最后,大家提出了半日活动安排的具体的策略:(1)有理念更需要有幼儿。"一日生活皆教育"的理念已经深入教师们的心中,但是,真正要做到这点,更重要的是眼里有幼儿,从促进幼儿发展的角度观察孩子的生活和活动,发现教育的价值点,抓住契机及时进行有效的教育。(2)要应变更需要有预备,即对半日活动的合理设计以及深层思考,需要对细节进行深入的研究,真正实现"一日生活皆教育"。(3)有安排更需要有弹性等。

(5)同课异研

针对同一个教研活动内容,根据参与教研活动对象的不同需求,设计开展不同的教研活动,探讨适宜性,获得有关教研活动的技术和策略,提高教研组长的教研能力。如针对《乡下老鼠和城里老鼠》的教学内容,分别请两个教研团队进行现场展示,教研组长以此为案例分析教研技术。

专题研修季、主题研讨月、优质课研析周、反思会、同课异研这五种研析方式根据问题的探究进程和生成可以相互转化,如反思会可以转化成研析周,研析周的问题探究如有需要可以用主题研讨月的策略进行推进等。如图8.2所呈现的探究内容,目前,根据主题研讨月的实践情况,《对话理论关照下的主题研读的实践研究》已经列为2012年浙江省教研立项重点课题,根据研究方案,需要再进行深入的研究。可见,主题研讨月可以进一步拓展为专题研修季的内容。

8.2　以训为主，学研结合：互动体悟中提升教研组长教育理论水平

　　"全景式学习"倡导教研组长的学习不仅是探究式学习，注重实践、体验、合作和建构，还注重教研组长教育理论的培训和学习，特别是个人内在理论的建设，让理论学习和实践学习并重，发挥教育理论的特殊作用，用理性主导和参与研究活动，使教研组长不仅是实践研究的前行者，还是理论知识的丰厚拥有者和创造者，促进专业发展，这也有助于教研组长形成完整的培训观和素养观。

　　但是在培训活动中，教研组长们经常会说："我们需要一些实际的、能够操作的东西，而不需要那些理论的、不实用的东西。"有的培训者也经常会对专家或者其他培训者说："讲些他们能够马上用的东西。"教研组长也更喜欢听一些经验报告。这种培训观说明了一方面由于教育理论具有"具体性误置的谬误""抽象层级性""实践性教育理论与基础性教育理论研究的混淆""教育研究者的主观性介入"[①]等特点，因此使教育理论在某种程度上与实践脱节，使实践主体教研组长形成对理论的"应该解决所有问题"和"不能解决实际问题"的质疑；也体现了部分人员的"经验比理论重要""理论不能解决实际问题"的观点。这种习惯和思维定式，会让教研组长们本能地拒绝教育理论的学习，降低参与学习活动的热情，影响了理论学习培训活动的开展，成为培训低效的原因之一。

　　以上观点也体现出教研组长对学习活动存在着一定的功利性："拿来就用""解决目前的困境"的短期行为现象，更重要的是教研组长对自身个人内在理论的忽视，把自己实践的改变寄托在这些所谓的"方法"等操作性的策略之上，这种现象造成的后果正如叶澜所说："其可能造成的后果是，不知道个人实践的改变是要通过个人认识，包括个人内在理论的改造来实现的。教师没意识到自己头脑中存在着对教育行为起作用的'缄默的知识'，也不善于通过对自己教育行为的分析反观积淀在头脑中的理性观念。所以，在行为上即使有所变革，也会陷入简单执行他人指令或模仿他人的新做法的境地，不能成为教育改革能动的、自觉的创造者，并在创造性的实践中实现自身的发展。"[②]可见，"凭经验办事"以及实践缺少"理性的指导"，使教研组长的成长缺少"可持续发展性"，阻碍了教师的发展。"我国专业化的成效之所以甚微，在于对理论联系实践的片面理解以及对教师教育实践的重视不够。"[③]

　　另外在目前的培训活动中，存在着这样一种倾向：以教师的自主探究和实践为主的

　　① 张香兰：《过程哲学的视角：教育理论缘何脱离教育实践》，《教育导刊》2006 年第 10 期。
　　② 叶澜：《思维在断裂处穿行———教育理论与教育实践关系的再寻找》，《中国教育学刊》2001 年第 4 期。
　　③ 吴俊芳：《教师专业化：教育者的实践理性回归》，《教育理论与实践》2008 年第 8 期。

培训活动是时尚的、合适的、欢迎的,学习理论为主的培训活动是低效的、不合时宜的、无用的和落后的。因此在培训活动中存在着"谈问题多,分析原因少""说现象多,深入本质的少"的现象,这就是缺少理论知识和学习的表现。

那么教研组长正像如上所说,不需要进行教育理论的培训了吗?不是,教研组长需要理论学习,即通过对现成知识的学习来完成个体的学习实践。因为教研组长要成为专业的引领者,必须有丰富的教育理论来保证,一个缺少专业理论学习的人,是难以胜任引领者的工作的。理论来自于经验,但又高于经验。理论是实践的"抽提",是对现象的理性梳理,揭示的是事物的本质和基本规律,这是认识的最高阶段。教育理论也是一种理性认识,反映的是教育的基本规律和本质,也具有抽象性。可以使我们看到本质的东西,同时可以更好地预测事物发展的方向,当然更重要的是体现教育理论对实践的指导功能。舒尔曼在谈到理论对实践的批判意义的时候,提到了一种"中介理论","即使受到范围和寿命的限制,他们也能对教育的实践性思考做出批判性的贡献,增加对观察现象的理解"①,理论和实践的关系表现在理论对实践没有绝对的指导,实践也不是没有任何约束的实践行动,理论对实践具有一定的调控、约束作用,是教师反思的一种依据和元素。李志厚在《西方国家教师学习研究动态及其启示》一文中指出:教师学习的内容更为强调专家型理论知识与经验型技艺知识的交融。曾任美国"全国教师学习研究中心"副主任、密执根州立大学的肯尼迪(M.M.Kennedy)教授指出:虽然教师面临的问题是同样的,但解决的方式却是个性化的,这不仅需要理论知识的定性和指导,而且也需要记忆知识对解决问题的经验进行讨论、分享、体验和感悟②。

因此"好理论的标准——理论的规范性、真实性、可行性、有效性"③,"关注教师教育实践领域中理论与实践的统一是教师专业化的关键"④。

可以看出,教研组长培训活动中需要对教育理论进行学习,发挥教育理论的特殊作用,用理性主导和参与研究活动,推动教研组长的专业成长。

8.2.1 "以训为主,学研结合"培训方法的特点

(1)"以训为主,学研结合"注重教研组长的理论学习

"训"《辞海》的解释为"教诲,开导"⑤,当"训"作为动词时,"训"英译为 instruct、teach、lecture 等,《说文》认为"训,说教也";我们常听到的"训育"(moral teachings),指教师本着教育原则,顺应学生身心的需要,予以教导,使其能向好的方面不断地生长

---

① 李.S.舒尔曼:《理论、实践与教育的专业化》,王幼真等编译,《比较教育研究》1999年第3期。
② 李志厚:《西方国家教师学习研究动态及其启示》,《外国教育研究》2005年8期。
③ 李兴洲:《好理论与当代教育实践———对教育学理论研究的反思》,《教育发展研究》2007年第3期。
④ 吴俊芳:《教师专业化:教育者的实践理性回归》,《教育理论与实践》2008年第8期。
⑤ 辞海编辑委员会编:《辞海》,上海:上海辞书出版社,1980年版,第379页。

发展。从以上观点可以看出"训"①的过程是一种运用外部的力量引导学习者进行学习，获得相关知识的过程，即不同于"研"中学习者的主动建构，而是较多地蕴含着学习者运用接受学习的方式获知。

　　学习可以分为直接经验的学习和间接经验的学习。教师不止生活在自己的世界里，互助合作是教师生存的现实状态，因此不仅需要通过自己的实践和参与体验获得相应的知识，即直接经验，同时也需要通过接受学习的方式获得间接经验，学习他人和书本上的良好的理念，扩展自己的知识，走出狭隘，走向宽广，促进专业成长。因此要重建教师学习的概念，构建一种自学与互学、内向学习（如反思）与外向学习（如探索）、经验学习与理论学习并举共进的教师教育形态。②

　　"以训为主，学研结合"注重对教研组长教育理论的接受式学习，主要可以通过教研组长自主阅读和专家讲座等形式获得。但是，教育理论知识的学习同样强调学习者的内在积极性，不是纯粹的被动接受。带着研究的状态参与到学习中去，获得相应的知识。培训者根据学习的目标，有意识地把所要学习的理论知识与教研组长日常的教育教学工作"链接"，寓教育理论于教育事件中，引导教研组长研究式地发现和解读，教研组长在对日常教育教学工作的解读中，进一步领悟理论知识的真正意义，从而内化为自己的具有个人意义的理论。

　　（2）"以训为主，学研结合"体现以体悟为特征的学习方式

　　理论知识的学习，掌握书面的文字含义并不难，重要的是能够把握其内核，转化为行动，建立个人实践意义的理论知识，这就很难，需要漫长的时间，经历一个从量变到质变的过程。因此在教研组长理论学习过程中，需要培训者有足够的耐心，有"等待"的心理。同时也说明了此种培训学习不仅问教研组长学到了什么，同时还要问剔除学到的理论知识，"你还剩下什么"，真正使理论学习能够"扎根"教研组长心中，成为他自己的理论。

　　理论知识要内化为个人实践意义的理论知识，需要逐步体悟。体悟具有"体验领会"之意。因此教研组长理论知识的学习首先需要体验获得，建立在教研组长丰富的教育实践之上，或者说有着一定的体验为前提。其次才是"领会"。因此，在理论学习过程中，培训者要更多地讲求策略，保证理论学习的有效性。

　　● 从大量的案例中"悟"相应的理论知识。

　　这是基于教育理论知识抽提于教育实践的原理。因此在引导教研组长进行理论学习的过程中，可以结合大量的教育案例，从教研组长身边的鲜活的教育事件中，引

---

①　"训"：http://zidian.teachercn.com/xun/Word_17889.html。
②　龙宝新：《对当前我国教师教育中存在的"钟摆"倾向的反省》，《教师教育研究》2009年第1期。

导教研组长进行概括,梳理出这些事件背后的本质,获得相应的理论知识。这种"悟"具有发现学习的特征。可以说,这些教育案例教研组长有着体验之情、熟悉之感,因此能更好地让教研组长理解和接受教育理论,体验和领会理论。

● 用理论来"体悟"相关的案例。

如果说上一种方法是引导概括的过程,那么这是一种演绎的过程。在教研组长了解教育理论之后,可以用相关的教育案例进一步感悟相应的理论知识,实现思维与具体情境的连接,在鲜活的教育事件中感受教育理论的真谛,这种"体悟"具有解读之意。

● 行动中"体悟"理论。

教育理论的获得,还需要教研组长在实践中践行,真正体验和领会理论要义,逐步内化为具有个人意义的理论知识,改变个人的实践。行动是教研组长学习教育理论的基础,也是归宿,行动让教研组长真正体悟理论知识的本质,把握精髓,逐步建构,感受意义,这种"体悟"具有运用之意。

可见,在理论学习中,只有实现体悟为特征的学习方式,才能更好地促进教研组长的教育理论学习,真正触发学习热情,内化其中。

(3)"以训为主,学研结合"的学习关键是实现教育理论和教育实践的"对接"

这种对接不仅表现在教师对教育理论进行理解吸收和内化,还需要教师能将具体的教育理论"适用"、嵌入和外化到教育实践中去。[①] "以训为主,学研结合"的学习要实现的是理论学习和教育实践对接,用教育理论解释教育事件,用教育事件反映教育理论,用教育实践践行教育理论,实现教育理论和教育实践的"无缝对接"。

实现教育理论和教育实践的"对接",需要认识和发挥教研组长作为教育实践者在其中的主角意识和能动性,充分意识到教研组长所具有的学习资源,包括个人具有的丰富的隐性知识(缄默知识)和良好的反思能力,通过对教育实践的观察、反思,同伴学习等,提高个人认识。通过个体实践学习,丰富个体内在理论,在创造性的实践中实现自身的发展。改变以往理论学习和教育实践"两张皮——对不上号"的现象。

实现教育理论和教育实践的"对接",需要善于把教育实践中的教育事件引用到教育理论中来,把抽象的教育理论蕴含在丰富的教育事件中,用掌握的教育理论解读教育事件,使教育理论具体化、形象化,也再现了教育理论来自于教育实践,高于教育实践的特性。这种"对接"具体体现在以下过程中:

● "接力"身边的事:

即培训者把教育理论蕴含在一定的教育事件中,然后呈现大量身边的教育事件,引导教研组长对这些事件进行分析,梳理和概括这些事件的共同本质,获得相应的理论知识的过程。

---

① 龙宝新:《对当前我国教师教育中存在的"钟摆"倾向的反省》,《教师教育研究》2009年第1期。

● "解读"身边的事：

即培训者引导教研组长运用掌握的教育理论，搜寻身边的教育事件，用理论"解读"身边的事。例：在了解了"幼儿的阅读是有差异的"后，教研组长通过观摩和搜寻等活动，寻找幼儿阅读差异的各种表现，如幼儿阅读中的关注画面的不同，语言表述中的逻辑水平的不同，幼儿阅读速度的不同，幼儿理解水平的不同等。

● "迁移"身边的事：

指教研组长在获得相应的教育理论之后，能够把这种理论迁移到不同情景下的相应的事件中，进行连接和解读。这是教育理论内化的重要表现之一，也是教研组长在学习之后所必须具有的重要能力，只有能够很好地把理论迁移到不同的情境中，能够解读，才是真正的掌握。

● "回归"身边的事：

指教研组长在相应的教育理论指导下，能够开展相应的实践活动，让实践在理性的指导下，更富有内涵和依据，更具适宜性。这个"回归"就是指教研组长的日常教育行动，在行动中展现和内化，同时也说明了，教育理论和教育实践的"对接"，需要从行动中来，再回到行动中去。

8.2.2　实现"以训为主，学研结合"培训的实施方法

（1）实战演习

根据培训的内容，教研组长有意识地将所学理论运用在教研活动过程中，开展教研活动。如当教研组长们领悟到教研策划技术之后，学习尝试进行教研策划，然后开展教研活动，在实践中感受教研策划的要旨和精义。当教研组长们对推动感的阅读区有了深入的研究之后，每一个教研组长结合本年级组的情况开展了系列的教研活动，如大班阅读区的创设、小班阅读区中幼儿阅读习惯的培养、推动感的阅读区的材料设计系列教研等。

（2）教研月记

每月教研组长根据培训的内容，结合所开展的教研情况，从"教研感触""拟解决的方法"两个角度进行反思和梳理（见表 8.1），每月一记一反思，每学期期末进行教研大记大反思。这有助于激发教研组长结合具体的教研实际进行实践到理论的整理，有意识地体悟和感受理论。

表 8.1　教研月记

时间		教研内容		备注
教研感触				1. 教研感触可以是自己优秀的经验或存在的问题的思考。
拟解决的方法				2. 教研内容可以附在其后。

（3）互评互诊报告录

专家讲座或者是观点交流之后，培训者设计和提供诊断报告表，引导教研组长根据诊断报告表上相应的要求，互相之间进行有目的的观察、评析，用一定的理论反思和判断所看到的现象，使理论和实践对接，运用理论解释实践，见表 8.2 。

表 8.2　教研活动设计和评价表

教研活动名称		幼儿园	设计者	评价人：
				评价意见
活动背景分析				
主要解决问题				
教研准备	组长对此问题的准备			
	可利用的教师经验（写明具体案例、呈现方式）			
	其他准备			
教研过程				
设计亮点自我分析				
评价者的总体评价				
设计者对评价的启示				

（4）我的现场报道

教研组长根据自己的教学实践和教研实践，抓取其中的一个典型片段进行理论分析和反思，从"案例回放""分析解读""教师智慧"等方面进行表达，树立从实践上升到理论的意识，提高理论水平。

【案例 8.2　孩子为什么喜欢在厕所里谈天说地？——给予孩子一定的自由空间】
案例回放

中班孩子特别爱说话。为了防止他们上课讲话，我们安排一男一女隔开坐。后来我发现，一到洗手解小便时间，当我请孩子按照学号洗手，1～5 号在第一个水槽洗手，6～10 号在第二个水槽洗手的时候，每一次都很难做到。几个要好的孩子总爱聚在一起谈天说地。特别是男孩子，大聊《奥特曼》《植物大战僵尸》等动画片中的内容，聊到兴起，还会模仿奥特曼"打打杀杀"。

为了引导孩子动作快一些，不逗留，少讲话，我会催促孩子，有时候表扬动作快的孩子。只要看到我站到厕所门口，他们就会闭口，马上从厕所中走出来。有的男孩还会走过来"告状"说："他们又在说奥特曼了。"但只要我不盯着，他们就会"忘记"，又在厕所里没完没了地聊天。为什么他们喜欢在厕所里谈天说地呢？

分析解读

1. 一进入中班，随着自我意识的发展以及语言、认知、交往能力的发展，孩子特别愿意在大庭广众下表现自己。他们觉得能够像大人一样交流所见所闻，谈天说地、道古论今，是值得自豪的事，这也让他们体会到成长的快乐。

2. 孩子喜欢在幼儿园厕所里谈天说地，说明孩子乐于与同龄伙伴聊天。幼儿园恰是能够满足孩子交流需求的最佳环境。

3. 在孩子眼中，相对于教室而言，厕所是一个自由空间，老师的管制相对松懈，即使有规定，也不像在教室那样严格。这样的自由环境能让他们释放自己。

4. 教师设定的规则，如男女隔开坐、分水槽洗手等措施，是着眼于教师的管理，而忽视了孩子的交流需要。无论规则如何有必要，总会在某种程度上压抑孩子的成长。

5. 教师运用权威和规则管教孩子，并不能使规则真正内化为孩子的自觉要求。从促进孩子成长角度出发，提供给孩子成长必需的一定的自由空间，更有利于规则的执行和孩子自控能力的发展。

教师智慧

1. 明确规则制定的意义。

所有幼儿园的工作规则、教学规则、生活规则制定的意义只有一条：促进孩子的发展，为孩子的发展服务，而不是为了方便教师管教孩子。

2. 重视了解孩子的需要。

（1）观察孩子的行为，引导孩子说出自己的感受："某某某，为什么你不按学号排队洗手，要和某某挤在一起洗呢？""你们在厕所里谈得非常开心，在谈些什么呢？""为什么喜欢在厕所里讲呢？"

（2）分析孩子的心理，反思既有规则制定、执行的适切性。如"为什么过了几天孩子又在厕所里说个不停呢？""为什么教室里孩子不会这么开心地谈天？"从而确定修订既定规则的依据。

3. 修订既有规则。

（1）和孩子讨论既有规则，让孩子表达自己的希望。"那么你们认为洗手的时候怎样做比较好呢？"

（2）修改规则，适度放宽要求，如可以和好朋友一起去洗手，可以轻轻地说话，但是不能玩水，不能让外面的小朋友等太久；教室里可以和好朋友坐在一起,但是上课的时候不能和好朋友讲话,打扰别人等。

3. 让孩子熟悉规则,明白怎样做才是老师期望的行为。

(1)向孩子具体解释新的规则,如"洗手时可以和小朋友小声地说说话,但是动作要快,不能打打闹闹"等。

(2)有些要求如"小声说话",有的孩子不容易做到,那是因为他习惯了大声说话,因此老师除了需要不断提醒,还要看到他的进步并不断加以表扬,使孩子能把"小声说话"作为自觉要求。

4. 满足孩子成长的需要,增加交流的机会和"私密空间"。

(1)增加孩子在幼儿园自由交流或者活动的时间,给幼儿交流的机会。如增加孩子"自由说话"时间,"快乐说说说"活动时间等。

(2)提供孩子"私密空间",如在教室里设立"说话屋""朋友房"等,给予孩子释放压力进行交流的空间,这样更利于孩子自觉遵守规则。

温馨提示

1. 制定幼儿园常规不是为了控制孩子,而是要创设更多的孩子发展契机。

2. 孩子的抗议不仅仅表现为师幼间的激烈的冲突,如公开对抗、发脾气、大哭大闹等。"阳奉阴违"往往就是孩子"温柔"的抗议,教师切不可掉以轻心。

3. 给孩子自由不等于说没有规则。

4. 孩子坏习惯的改变不能一蹴而就,而是需要教师的不断提醒和督促,直到改正为止。

从以上案例可以看出,"我的现场报道"能够让教研组长关注教学和教研中的具体情境和事件,将其纳入自己的视野,具有一定的问题意识,同时能够从理论的角度来解析具体事件,是理论联系实践的具体表现,而"教师智慧"则是在理论指导下的实践的跟进和调整。可以说"我的现场报道"很好地实现了理论和实践的对接问题,能够使"学研训"很好地进行融合。

8.3 以学为主,研训结合:促进教研组长教学和教研技能的学习和提高

"全景式学习"中,除了教研组长的教育理论学习和探究性活动之外,对一些教学技能和教研技能的学习也采用"以学为主,研训结合"的方式。"学"就是直接学习的方式,如模仿学习、巩固学习等,可以提高技能。但是,真正掌握某种教学技能和教研技能,还需要用研究的状态来学习,把握其运用的背景和主要的目标,做到适宜,真正促进教研和教学。

在促进教研组长教学和教研技能的学习和提高中,突出做好两个方面,首先是优点"轰炸",即对教研组长良好的行为,运用"集体找优点""表扬"等方式予以强化,使这种良好的行为和技能成为大家学习的对象,巩固和运用这种良好的行为和技能;其次是不足"预警",指对教研组长在教育和教研中的"不足"或者"缺点",以"提示"或者"找不足"的方式,引起集体的警觉,杜绝此种"不足"在类似的教育情境中再次发生,可以说,不足"预警"使教研组长的教育实践达到同类不足出现的概率最小化的限度。

为达到以上目标,主要采用以下两种方式:

(1)五边形思考会

教研组长在教研和教学学习中,运用"五边形思考"中的两个方面——"我得到的经验是""我认为需要改进的是"进行反思和学习。

(2)"幸福即时贴"支招行动

在教研和教学过程中有困惑的教研组长提出自己的问题,引导有相关经验的教研组长积极出谋划策,将自己的智慧写在"即时贴"上进行回应,称为"幸福即时贴"的支招活动。支招活动能将教研组长积累的简单易行的方法进行相互传递和学习,当然有不明之处可以互相交流,甚至可以引入为培训的内容之一。

【案例 8.3　"保安"应该怎么做?】

教研组长存在的问题:区域活动观摩之后在某园大班角色游戏中,一孩子扮演保安,活动自始至终,他都一动不动地站在那里,这样的活动是否合理,能对孩子达到什么样的教育目的?

支招:

幸福即时贴①:区域情景设置,让孩子从头到尾站在教室一点,迎宾,幼儿所有的工作就是对每一位顾客说"欢迎光临"和接受问询等,发展孩子的语言能力。

幸福即时贴②:岗位设置不错,但是岗位工作要适当发挥幼儿能力,例如可细化保安的工作要求,可提供记录本,可记录在各个区域的人数,男女性别,有多少人来过,难度可逐渐递增。

幸福即时贴③:也可以说是合理的,因为岗位要求他这样做,也算是孩子自我控制能力的一种培养吧,但是,最好让保安由愿意做的孩子来做。

幸福即时贴④:把问题抛给孩子,看他们怎么看待,如何来做,大班的孩子是有能力的。

当然,以上三种培训方式在实际操作中需要根据问题的性质和教研组长的实际水平相互转化、相互结合,在顺序上进行交换。

第9章

六大平台： 搭建提升教研组长教研能力的多样平台

在"全景式学习"中提升教研组长教研能力,需要搭建良好的平台,通过平台展现教研组长的技能、研究策略和成果,更重要的是展现在学习活动中教研组长的不同的思考方式、实践精神,形成开放、吸纳、共享、互惠的学习文化,推动教研组长发展,最终获得教师、幼儿和幼儿园的整体发展。因此"关注教育现场 收获成长智慧"是平台搭建的基调。下面就以浙江大学幼教中心为例,谈谈在提升教研组长教研能力中平台搭建的重要性和他们的实践。

9.1 学术月

依托大学的学术背景和文化,浙大幼教中心开展了"学术月"活动。这是一个综合性的展示平台,不仅有教学展示,也有教研展示和管理。教研组长作为一名骨干教师和教研工作者,承担了学术月活动中大部分的交流工作。学术月活动一年一次,为期一月,每年 11 月举行。学术月的活动主题是"着眼幼儿,基于实践,做一个有智慧的教师"。有教研组长参与的优质课堂展示活动,教研展示活动,教学和教研论文评比活动或者是"我的教学故事"比赛等形式,研讨以教研组长正在关注和有一定实践积累的问题或经验为切入点,挖掘他们在该研究中的问题和亮点,展现在自身工作岗位上的"思考"和"智慧",促进教研组长的成长。通过"学术月"活动,倡导"智慧"、学习"智慧"、学会"智慧",创设互助共享,互惠学习的氛围,打造一个学习共同体。

学术月活动自教研组长培训活动以来目前已进行了十届,逐渐成为该中心的一个有品质的教研文化活动。

9.2 论坛 123

"论坛 123"活动是用漫谈的方式,针对正在开展的园本教研的内容,选取一个共同的话题开展深入的对话。对话活动中既有教研组长参与园本教研的感受，也有研究过程中所获得的经验贡献；既有经验丰富的教研组长的鲜明观点，也有年轻组长的各类疑问，有争执也有赞同……对话活动展现了教研组长的心路历程、思考方式，从具体事件中挖掘"我的思考""我的行动"，以及事件背后的本质，努力探究事件中蕴藏的价值。

如"对话同伴，生成智慧"的"论坛 123"从同伴互助的具体场景的感受出发，探讨了对同伴互助的感受、认识以及其中各幼儿园教研组长已有的探究等。"走进绘本教学——一次关于绘本教学的同伴对话"则是展示了教研组长对绘本教学的困惑，通过论坛相互对话，进行了策略性探究，彼此借鉴了一些良好的观点，最后又展现了教研组长和老师对绘本的希望。

9.3　"我爱上课·我爱教研·我爱研究·我爱成长"系列

用课例的形式展现教研组长在上课、教研、课题研究等方面的思考和行动，每学期进行一次。活动注重研讨、交流设计意图、团队研修经过和观摩教师的学习感受，引导教研组长的成长意识。

9.4　草根讲坛

草根是相对于专家而言的。草根讲坛的开设旨在激励每一个有着研究精神的教研组长，只要有自己观点都可以参与到讲坛中来，贡献教学和教研的心得和体会，与他人分享。草根讲坛重在观点贡献、相互交流和分享。内容根据教研培训的内容、教研组长关切的问题和已有研究。草根讲坛每年一次。可以说，讲坛活动让讲课的教研组长经历对话的过程，并且有充分的自信走上舞台，获得集体的认同感。

9.5　工作坊

相对于草根讲坛，工作坊显得比较随意和松散，交流的内容主要是一些技能性的内容，或者是通过自由交流可以解决的一些问题。如如何提供区域材料、制作区域材料，就以"工作坊"的形式开展区域材料的制作，其间教研组长可以和同伴交流，学习制作。在"工作坊"中，教研组长们互相学习交流制作的方式，手把手地教，一步一步地学，彼此共享，在相互制作中又生成许多材料制作的方法，解决区域材料的投放问题。"工作坊"倡导了一种制作文化和伙伴文化，形成了互帮互助的学习共同体。当然除了制作以外，还有一种就是观点的直接交流和分享，我们也将其称之为工作坊的活动。

9.6　资源平台分享活动

将教研组长在教育实践中的智慧捡拾起来，提供平台，进行共享，因此，开展一定的资源平台分享活动就显得尤为重要，目前在网上开设了"资源共享"栏目，内有教研组长执教的优质课、观点交流、专家讲座等活动，有的教研组长还将外出的材料和自己的感受进行交流。

资源平台的分享除了网上资源之外，同时还有论文结集、在园刊上开设交流栏目、微信群，进行观点分享等活动。当然，在资源平台分享活动方面，我们还需要进一步推进。

第10章

培训技术手段： 关注提高教研组长培训成效

影响培训成效的因素有很多，如作为受训者的教研组长个体、培训指导教师、教研组长的学习环境，以及培训的目标、手段等。作为培训者，在培训活动中发挥促进者的角色作用对提高教研组长的教研能力有着重要的作用。

培训活动是有目的有计划地对受训者实施影响的过程。但实际上教师对培训的热情是不高的：很多教师对培训活动的效果是不满意的，"到到场、签签到"是教师们对培训的态度；"没能学到啥东西，都是'高大上'，不能解决我的问题，浪费时间！"这是教师们对培训结果的反馈。可见，教师们希望有能让自己的专业产生变化的培训活动。同时也让我们进一步思考当前的园本培训遇到的瓶颈问题，主要是培训者对培训活动的指导不够，培训活动未能引发教师的认知冲突或者是改进教师日常的教育问题，一句话，缺少了作为培训指导者的促进技能。

根据刘占兰对参与式培训的研究，培训者的促进技能主要体现在归纳、概括、引导反思等方面。即在培训活动中，能够对讨论的零散的见解进行及时的梳理归纳，对众多的观点进行概括提升，能够引导受训者进一步地反思，使受训者的认知能够在原有水平上进行提高。培训活动是需要引起良好变化的过程，需要培训者良好的专业素养和一定的培训技术手段的运用。

那么如何利用多种技术手段，突出和强化培训者的促进技能得到明显的培训效果呢？方法有很多，这里主要介绍三种提升教研组长教研能力培训成效的技术手段。

10.1　重在梳理，呈现"思路"的"板书"技术运用

科学研究表明，在进入人脑的各种信息中视觉信息约占 75% ，可见视觉信息在学习活动中占有重要地位。板书就是利用了视觉获取信息的有效性，是教师在教学过程中，

配合语言、媒体等，运用文字、符号、图表向学生传播信息的教学行为方式①。"教学板书对学生学习效率和质量的影响是直接的，对学生身心发展的各方面都有明显的促进作用：一是影响学生的'学会'，二是影响到学生的'会学'，三是影响到学生各种智力因素和非智力因素的发展，便于学生巩固知识，从而提高教学效果。"②

在教研组长培训活动中，利用"板书"技术，主要是希望在惯用的听和讲中，融合视觉艺术，实现视听讲的结合，促进教研组长在学习中实现多通道参与，提高学习成效。它克服了口语交流转瞬即逝的特点，以及教研组长在听和记录过程中"顾此失彼"、遗忘要点的现象。

"板书"技术的运用主要是通过板书强调重点，用关键字或者提纲挈领式的文字或者图表等形式，及时梳理教研组长在参与交流中的观点，突出概括、归纳的过程，展现"思路"，以此来影响教研组长的"思路"过程，即以上说到的利用板书不仅影响"学会"，还要影响"会学"。"板书"技术的梳理作用主要表现在以下几点。

首先，通过板书关键字抓取和强调重点，省略无关信息，引导教研组长捕捉交流中的关键观点和重点，引起参与培训的教研组长的有意注意以及选择性知觉的参与，学习和感受如何把握重点。

其次，板书能够将交流中的观点纲要化、系统化，既清晰地展现交流讨论的思路，又能体现问题分析和解决的结构和特点，把握最本质的东西，可以说是具有"画龙点睛"的作用。梅耶等人的研究发现，学习者常常不能识别文本中的常见结构，如比较和对照（两个以上项目之间的关系）、分类（层次网络）、举例（某一主题的各个部分或者特征）、概括（有证据支持的一般论点）以及因果关系（因果系统中的事件链）等。③ 板书的纲要化和系统化，能促进有效组织，有利于教研组长理解和获知，进行意义建构。同时由于这种纲要化和系统化是在现场中"生成"的，对培养教研组长的概括能力具有示范作用。

第三，良好的板书具有一定的启示性，特别是促进思维的发展，对引导思维方向有着重要的意义。如通过多种文字、图标和板书的位置排列等方法，展现内在的逻辑性，有利于教研组长运用一定的分析和概括的方法把握这种逻辑，获得良好的学习方法。

10.1.1 "板书"技术的呈现策略

——条纲式呈现。用条纲形式呈现所讨论问题的框架，体现条纲之间一定的逻辑关系。简要勾勒、重点突出、条理清晰是其主要特点。一般而言，利用条纲式呈现所讨论的问题有着前后联系，加大对问题思考的深度，如对讨论的问题有现象揭示、本质分析和解决策略，可以运用条纲式呈现。当在讨论过程中，教研组长们提出的见解是随机的，

---

① http://www.hudong.com/wiki/%E6%9D%BF%E4%B9%A6。

② http://www.dlteacher.com/blog/user1/10179/archives/2009/107702.html。

③ 盛群力等编著：《教学设计》，北京：高等教育出版社，2005 年版，第 179 页。

没有前后关系的，这时培训者如果需要进行条纲式呈现，则需要根据自己的预设和教研组长的交流结果，有目的地进行"空缺式"板书，最后形成一个整体。如教研组长们先提出了第三个观点，培训者就需要预留观点一和观点二的撰写位置，把它写在第三行的位置上。

——对比式呈现。根据教研组长交流的观点，运用对比方法显示出观点异同的板书。通常可以以两列并列的形式呈现。对比式板书，有利于教研组长把握和总结其异同点，清晰概念的边界，促进对概念和观点的理解。

——关键词呈现。根据教研组长的观点，用梳理关键词的形式进行呈现，帮助教研组长进行概括，明晰表达的核心，做到精炼、重点突出。关键词形式呈现的板书，讨论的话题比较集中，可能的回答不是特别多，比较单一。如表 10.1，主要聚焦教研组长对"游戏是幼儿的"理解的表达，如游戏的进程、内容、角色、同伴、区域空间、进程和节奏等都应该由幼儿决定。

表 10.1　《游戏是幼儿的》培训活动中"为什么说游戏是幼儿的，说说你的理解"的板书

研讨片断实录	板书（关键词呈现）
教师 D：游戏应该是跟随幼儿自己的意愿，幼儿想干什么就干什么，孩子是有想法的。 教师 A：幼儿的游戏是模仿的，是从生活中模仿来的，如果没有模仿，就没有游戏了。 教师 G：成人不能随便干涉，不能以成人的意愿代替幼儿的。比如我们常说的要"静等孩子"，就是这个道理的吧，呵呵，大概是这样的呢！ 教师 Z：幼儿有一定的选择权，我们要给他们权利，让他们自己选，不能代他们的。他们是不同于我们的，他们有他们喜欢的东西，有他们想要的东西，比如玩哪个区角等。 教师 M：他们自己可以决定用什么东西，他们可以做主的。 教师 B：游戏中可以没有规则，让幼儿充分自由地玩。不能用规则要求幼儿等等。 教师 X：游戏是幼儿的，今天玩什么内容的游戏是不是也应该要幼儿自己决定？是不是有时候我玩到这里结束了，不想玩了，这样是不是也可以说"游戏是幼儿的"？	随幼儿意愿 模仿 成人慎入 有选择权 材料选择和利用随幼儿，无规则？ 游戏内容和游戏进程，幼儿定？

从以上案例看，根据教研组长的表述，培训者用关键词的形式进行了记录，简单明确，让教研组长们感受到如何在一段话中捕捉最重要的信息，如何在一段话中感受培训者是如何进行分析和概括的，最终能够感受培训者的提升和概括过程，经历思维的过程。这也有利于教研组长通过关键词来进一步思考相应的元素，以及对元素之间关系的辨析和理解。

当然这样的记录缺少前面集中板书的条理感，特别是相互之间的关系。所以关键词的形式记录主要用于并列的讨论过程为好。

——表格式呈现,即在板书过程中借助或运用表格形式,通过分类以结构化呈现板书。表格化呈现一般讨论的问题比较综合,可以从多个维度进行分析和讨论。表格式板书清楚明了,直观简洁。

根据问题,预设表格

在培训之前,作为培训者对所要研讨的问题会有预先的"观点准备",如从哪几个方面和维度来引导教研组长们探讨和回答。如表10.2中,培训者引导教研组长从"重要片段理解""方法运用""核心提问设计"三个维度对"勇气""机智"和"靠得住的朋友"进行研修和讨论。培训者在心中需要预设板书的内容,如何用相应的表格做结构化的呈现,在表格中用哪些字进行呈现等。如果请教研组长进行纸条记录,那么就要考虑粘贴的位置。

梳理要点,归类记录

培训者在黑板上设想记录的表格结构,然后根据教研组长的讨论,梳理出要点,记录在相应的位置上,见表10.2中涂黑部分。教研组长的回答比较随机,不会按照培训者的预设和步骤来进行,因此需要培训者准确地归类,并把它记录到相应的表格结构中,待整个记录完成时,就可以看到表格和结构化的呈现方式。

表10.2　绘本《蛤蟆爷爷的秘诀》"如何促进幼儿真正理解三个秘诀"研讨活动中的表格式板书[①]

重要片段理解	方法运用	关键提问
勇气	经验回顾	你知道勇气吗？请你结合自己,来说说有关勇气的一件事情。
机智	问题先导、故事片段讲述和倾听	请你再听听故事片段,说说什么是机智。
靠得住的朋友	情境创设：玩游戏,说感受	一起来玩游戏《捡皮球》,然后请你说说你的感受。

整体着眼,感知联系

讨论结束后,培训者的记录也就能呈现研讨思路了,在集体讨论的基础上,培训者最后添加"重要片段理解""方法运用""核心提问设计"作为表格的要素,填写在最上方,形成表格式板书。培训活动展现的思路就是"从困惑出发梳理困惑的原因后,提出本次教研活动的核心——如何帮助孩子真正理解三个秘诀——进一步讨论《蛤蟆爷爷的秘诀》的核心价值,根据幼儿的经验和学习特点概括所用的策略：经验回顾、问题支架、情境创设以及关键提问"等,帮助整理和概括教研组长的讨论和交流,呈现培训者的理解思路,让教研组长感受其中的逻辑结构和关系,有助于提高教研组长们的认知水平。

---

① 本活动培训者为袁丽萍。

10.1.2　"板书"技术运用的注意事项

——板书的预先设计。培训者在开展培训活动前，需要把板书的设计作为"备活动"的重要内容，即对板书进行预先设计，这是发挥板书作用的前提。设计包括板书的类型、内容、板书的位置、顺序以及板书字体的色彩等，做到心中有数，安排精密。

——简明扼要，抓住重点。板书追求的是"精和少"，要求板书的文字表述最简化，图示呈现形象化，反映重点，忌冗长烦琐，避重就轻。一句话，板书需要言简意赅，有的放矢，明确板书的目的——重在梳理，呈现"思路"。

——板书与思维同步。板书是与教研组长的讨论和交流同步的，记录的是教研组长们思维的结果，因此在板书的过程中需要与教研组长们的思维同步，在概述的同时记录，不断地结合板书的内容引导教研组长们进行回顾，整理思路。

——注重现场，适时调整。培训者对板书需要有预设，但是，随着讨论的展开，会出现一些预想不到的结果，如超出培训者预设的内容，培训者有预设但是讨论没有涉及的内容，因此除了有些必须引导之外，培训者可以根据讨论现场的情况，对于预设的板书内容进行调整，即注重生成。

——注意美观，传递愉悦。板书作为一种视觉艺术，不仅帮助梳理，同时还是一种美的传递，因此在注重板书的梳理功能的同时，注重审美功能的影响。

10.2　激发个人思考，促进"脑力震荡"的"小纸条"技术运用

一般来说，成人的学习具有"自我指导"的自我概念，但成人学习时会个别表现出依赖性人格。如学生，往往会袖手而坐，等待别人的"传授"，那么，如何让每一个教研组长在活动中"动起来"参与其中，即实现真正意义上的参与，就需要讲究具体的培训策略。

作为教研组长，思考力是非常重要的，如质疑日常教学事件需要思考，引导教师们解决问题需要思考，提出园本教研问题需要思考等。因此，通过培训，激发教研组长思考能力、思考意识和思考习惯成为教研组长培训的重要的培训目标。因此，在培训活动中，利用"小纸条"技术，激发教研组长个人思考，使"脑力震荡"成为一个有效的培训手段。

10.2.1　"小纸条"技术：促进"脑力震荡"

"小纸条"技术，就是引导教研组长将"先行思考"撰写在"小纸条"上，通过相互之间的阅读和探询，相互交流，激起和促进群体反思和对话的过程，在完善思考中提升个体和群体的反思水平，促进专业成长。

"小纸条"技术的运用给予每一个教研组长思考的机会，展现思考的机会，体现了机会的"大众性"，避免了因为时间等原因导致的教研组长"个别参与"或者"部分参与"的现象，以及在活动中的"语言霸权"和个别教研组长的"沉默退后"现象。

　　"小纸条"技术是对教研组长"优势关照，不足关注"的互补式的参与和学习。在引导教研组长互动参与中，有的教研组长擅长用语言交流自己的观点和思考，而有的教研组长则更擅长于用书写的形式进行参与，"小纸条"技术的运用，关照了教研组长参与方式的多样性，同时对不擅长写的教研组长也是一种锻炼和学习。

　　"小纸条"技术的运用重在引导教研组长个体的"先行思考"。这种"先行思考"展现了教研组长对日常教育教学的关注、质疑和反思，是教研组长对日常教育现象的"个人解读"，是一次"脑力震荡"的过程。同时要求教研组长将自己的思考用少量的文字进行表述，如何将自己的思考和观点用少量的文字准确地表述，让其他的阅读者能够明白自己的想法，这是一个需要转化和高度概括化的过程，也体现了教研组长的实践智慧。"小纸条"技术避免以往集体交流中观点的相互"干扰"现象，如教研组长往往在倾听了别人的意见之后，被"他人"意见左右，"淹没"了自己意见的现象；避免"人云亦云"。

　　"小纸条"技术的运用注重教研组长对他人思考的思考、质疑，也就是教研组长在阅读他人的"小纸条"的过程中，能够运用自己的实践智慧解读他人的见解，进行重新建构，即对"他人思考解读"的过程。"小纸条"的内容，是开放的、动态的，需要教研组长在阅读过程中，用自己的经验对话和建构，其中有认同，有质疑，有欣喜，有困惑，在解读过程中，不断有认知冲突，对其中的疑问进行分析和质疑，提出更深层次的疑问，为同伴间的相互探寻做准备，这也是一次"脑力震荡"的过程。

　　"小纸条"技术的运用目的是建构起群体反思，形成"群体的脑力震荡"，导向对话的深入和意义的生成。从某种角度来说，"小纸条"的内容为群体反思提供了反思的路径和内容。教研组长的"先行思考"是群体反思生成"脑力震荡"的基础。教研组长之间相互的探寻，使问题和思考走向深入，同伴智慧的不断加入，使问题和策略更趋于合理、完善。同时，同伴间的群体反思，不断在追求"和而不同"中，生成新质，提高反思的水平。

　　10.2.2　"小纸条"技术运用的方法

　　（1）小纸条的准备。

　　培训者在培训之前准备适量的小纸条，一般为 A4 纸的四分之一大小，小纸条不宜太大，以免引起被培训者"怎么要写这么多"的害怕心理以及"我写得太少了"的心理压力。纸条太小会引起阅读者的不便。同时提供的纸条最好色彩多样，以便引起被培训者的良好的心理感受。

　　（2）撰写小纸条。

　　参加培训的教研组长根据培训者的要求，将自己的思考撰写在"小纸条"上，要求简明扼要，以关键词的形式出现，一般会做这样的要求："请你用十个字来进行表述。"

这样不仅锻炼教研组长的概括能力，同时有助于把更多的时间用于集体的交流和互动。

（3）展现小纸条。

教研组长撰写好小纸条后，将小纸条进行呈现，如粘贴在黑板上、KT 板上或者合适的墙上。小纸条的展现可以是随机粘贴，也可以按照培训者预设的可能回答做一定的分类粘贴。同时在粘贴过程中，注意粘贴保持一定的宽松度，防止教研组长们阅读时的拥挤和干扰造成的阅读不便。

（4）自主阅读小纸条。

教研组长在粘贴完自己撰写的小纸条以后，可以自行阅读其他教研组长撰写的小纸条，了解他人的观点以及自己在阅读过程中的疑问。阅读要求细致、伴随思考，如对教研组长的阅读可以提出以下问题："读了别人撰写的小纸条，你有什么疑问需要进一步提出的？""你对哪些观点持赞同意见，你的理由是什么？"等。

（5）释疑小纸条。

以集体交流、互相提问的方式，对教研组长在自主阅读他人的"小纸条"中的问题和疑惑、想要获知的"纸条外"的信息如背景、过程或者感受等进行问询或提问，一般提出的问题由撰写该小纸条的教师进行回答，当然其他教研组长对该问题有不同的见解或者进一步的疑问可以进行相应回答或者补充，在不断的探讨和相互的问询中，推进探讨的深入。"小纸条"中的内容，只是探讨的由头或者提供了探讨的话题，相互之间的对话和对问题的进一步的思考则是"小纸条"技术运用的目的。

10.2.3　"小纸条"技术运用的注意点

"小纸条技术"的运用只是提高教研组长在培训活动中的一种方法，意在引导教研组长思考，提升教研组长思考力。在运用过程中需要注意以下几点。

首先，教研组长撰写的"小纸条"的内容可以是引导教研组长做出关于策略性的回答，同时也可以引导教研组长写出感受类的或者疑问类的内容。特别是后者，更需要我们进行关注，在实践中，由于培训者过多地采用"答"的形式，很少有教研组长以"提一个问题"的形式表述，以至于有一次教研组长被要求"对今天讨论的事件，请你写出自己的一个问题"时束手无策。其实引导教研组长学会提出自己的问题也是非常重要的。

其次，合理地安排各个环节的时间。在"小纸条"技术运用活动中，对时间的安排要注意，"撰写小纸条"环节可以用 5 分钟的时间，当然在教研组长参与本次培训活动前，培训者可以事先预知相应的内容，以便教研组长做一些必要的准备。"自主阅读小纸条"阶段可以为 10 分钟左右的时间。相互阅读是基础，相互质疑和对话需要教研组长对他人的"小纸条"进行"先行思考"和"反思"。因此，培训者要注意引导教研组长认真地研读他人的"小纸条"，给予一定的时间从容阅读，避免走形式。"释疑小纸条"是关键环节，因此需要把大部分的时间用在这一环节，以保证群体的交流和反思。

第三，撰写的"小纸条"内容没有正确和错误、好坏之分。"小纸条"上的内容展现的都是教研组长的思考，是对具体情境下问题的理解，因此没有正确和错误，好和坏之分。培训者对教研组长的思考都应该持欢迎和接纳的态度，引导教研组长敞开心扉地撰写自己的思考，交流真实的想法，这对培训者了解教研组长的思考水平和关注程度都有着重要的意义。

第四，对于相似的"小纸条"的内容，在"释疑小纸条"阶段，培训者需要发挥主持人的角色，引导这些具有相似观点和意见的教研组长共同回答他人的探询，以免出现重复问询的"累赘"现象，避免培训活动的拖沓冗长。

10.3 体现"田野"，凸显"重要片断"的"案例"技术运用

案例，英文为 case，具有事件、案件、情况等意思。培训活动要借助案例的情境性、真实性、示范性和操作性，根据学习者的学习特点以及培训方式进行，因此在《变化中工作，变化中学习：工作场所和社区中教师学习的必要性》中主张要"在工作中学习，用案例为内容"[1]，使案例研究成为一种用来培训的教育手段和培训模式，倡导培训的情境性、生动性、主体性、田野性、创生性和针对性等特点，"借助案例的开发和运用来训练和提高教师的反思能力，是教师专业发展的一条重要途径"[2]。

案例研究方法开展培训活动使原来的知识获知取向朝能力发展取向发展，由培训者中心转向学习者为主体，使受训者由被动参与变成主动参与，是一种现代培训方法。

用于教研组长培训的教育案例主要是指教学、教研案例或者"重要的教育片断"[3]，是教研组长和教师在教研活动和教育活动中形成的典型的教育事件或者"重要片段"，有着一定的教育情境、过程的客观描述，并用文字等多种方法表现出来。

教研组长们对案例的感受：

两次培训都是针对案例进行诊断，这样的问题会较具体，分析有经验基

① 李志厚：《西方国家教师学习研究动态及其启示》，《外国教育研究》2005 年第 8 期。
② 王明平：《案例研究 实践反思与教师实践性智慧发展》，《中小学教师培训》2003 年第 10 期。
③ 沈民冈：《"重要教育片断"研究：富有生命力的教师研修》，《上海教育科研》2006 年第 3 期。"重要教育片断"是教育课堂过程中很少或者很短的一段落，与前后内容密切相关，与学生的影响有一定的影响，是能通过体现教师的教育智慧、能力和水平的课堂教学中的较短的一个段落，具有问题性、典型性和真实性的特点。本文中的"重要教育片断"具体指的是教育教学和教研过程中的具有问题性、典型性和真实性的"重要片断"。

础，易引发认知冲突。

在活动过程中，分享各自成功的案例帮助我们找到各自的闪光点，还能获得相关的成功经验，能推动形成我们自我反思的氛围。

案例的选择很重要；实用，实践出真知。

有话可谈，气氛好！案例呈现方式可以多样化；有了案例，才能更好地进行分析，改进教学方法、技能、提高本身的能力。

纸上得来终觉浅，觉知此事要躬行，案例是实践的东西，有反思、借鉴的积极意义！

吸取成功案例中的亮点，提升自己，避免一些案例中失败的方式方法在自己的实践工作中重蹈覆辙。运用案例，有助于教研活动的深入，容易说明问题。

我们运用案例，可以了解老师工作中的困惑，运用好案例进行教研，帮助教师解决一些问题。

案例来源于教师，来源于幼儿。案例可以真实地反映实际状况，是教研活动的本源。

启发、借鉴、引申。案例在教研活动中运用得相对有效，也较受老师们欢迎。

案例的运用，使得教研活动成为：有源之水，有本之木。具体形象、叙述生动。

从以上教研组长的观点和感受中可以看出，案例技术的运用对培训有着重要意义，特别是能提高培训成效。

10.3.1　案例的重要特点和意义

（1）"情真意切"，诠释"田野"意义。

案例记叙的是教师们和教研组长们身边的问题，来自于教育实践，产生于教育过程，蕴含着教师个体的独特理解和情感，是多元和多产的。因此案例的选择"取之不尽，用之不竭，俯拾皆是"。教研组长和老师们都是案例的主人，他们是案例的素材创造者，他们用"自己的笔"撰写着"自己的教育故事"，生动有趣、平易近人。案例的"田野"感、采撷方便和"亲切感"，使案例技术的运用有着广泛的"群众基础"和"生产背景"，成为培训活动中的资源，吸引教研组长们积极参与，有助于提高培训成效。同时，运用案例技术可以让教研组长"低下头"，聚焦教育现场，形成教育现场意识和敏感度，这是"关注田野，回归田野"的表现。

（2）"生动典型"，架设理论和实践的桥梁。

案例运用是研究者对具体的素材进行筛选之后，做"理性分析"，对素材进行分析和提炼，融合自己的理解，是教研组长和个人对教育事件的自我解读方式和个人建构，因此渗透着教研组长和老师个人的智慧，也包括对教育事件的一些共性的理解，蕴含着理论和实践的成分，同时也是一次理论和实践之间的对话，是实现理论实践化与实践理论化的重要的途径。

因此运用案例，可以使教研活动中教研组长的教育理论缺陷得到弥补，又能够使其从案例中得到相应的指导策略、指导实践，提高教研组长的教研能力。

（3）"开放智慧"，推进反思和对话。

案例有着对教育教学过程中实际发生时间的故事性描述，其中必包含着一个或者数个疑难问题，同时包含着数个问题解决方法，因此案例在问题的包含和结果以及案例产生等方面具有开放性的特点。[1] 可以让教研组长们通过讨论，发现问题、思考问题和解决问题，这是一个需要反思的过程，如"我是怎样看待这个案例的？""同伴们是怎样讨论案例的，他们的观点怎样？""专业引领者又是怎样归纳和总结的？"等，在这个过程中完成"与自我的对话""与同伴的对话""与专业引领者的对话"。在反思的过程中，从教育现象出发，从感性撰写逐步到理性的分析，接近问题的本质，获得教育教学的规律和经验，同时发现新问题，产生新方法，这是案例智慧的特点造成的。案例技术的运用强调了教研组长在培训的过程中，能够从不同的角度思考，发出自己的"声音"，注重在案例的解析过程中让每一个人都有责任对案例进行解释，推进反思和对话，获得自己的专业成长。

从某种角度讲，案例技术手段的运用改变了教研组长们的学习方式，改变了以往的被动学习，使他们积极主动地参与到案例研究的过程中，锻炼了教研组长的问题分析能力、人际应对协调能力和创新能力等。

10.3.2　如何收集和了解教师身上的案例

案例广泛地存在于教师们实践的"田野"中，但是案例需要培训者有意识、有目的地去收集。

（1）案例是需要主动收集的。

案例的选择来自于日常的教育教学中，需要培训者积极地收集。就如图10.1"渔夫撒网"：日常教学中的案例是各种各样的，犹如网中之物，有的是螃蟹，有的是鱼，有的是虾，还有的甚至是水草，因此需要渔夫（培训者）根据目标在收集中进行选择。

---

① 郑金洲编著：《案例教学指南》，上海：华东师范大学出版社，2002年版，第25页。

图 10.1 "渔夫撒网"式

图 10.2 "采集果子"式

图 10.2：如果把案例比作一棵树上的果子，那么树干是日常教育教学，两者紧密联系的。案例有主动收集获得的，也有培训者刻意安排的。如掉下来落在地上的树叶，被风吹落的树叶代表那些在外界引导下发掘的案例，偶然获得的案例是指无意间发现的案例，犹如突然掉落的树叶。

从以上可以看出，案例的收集更多的需要主动收集，根据预设的目标有的放矢地进行。

（2）案例的收集需要通过多种通道的参与。

案例需要我们运用多种手段来获得（见图 10.3），如用眼睛观察获得的案例，通过嘴巴交流获得的案例，还有通过耳朵听到的案例。

图 10.3 案例收集的多通道

（3）案例的收集可以是多种途径的。

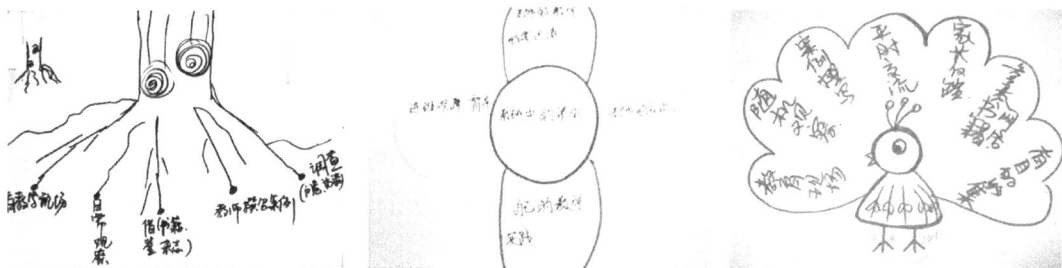

图 10.4 案例收集多种途径的不同表现形式

以上三幅图（见图 10.4）虽然表现方式不同，但是都有一个共同点：案例的收集多种多样，首先来自于或者扎根于教育现场，其次需要教研组长和教师有目的地收集，如通过随机观察、平时相互交流、教师撰写的案例、借鉴书籍杂志中的案例、家长反馈的案例、进班观察和督导获得的案例等。

10.3.3 如何恰当地呈现案例

案例的呈现也是影响培训成效的一个元素。因此让受训者对案例能够"看清楚、听明白、有同感、有兴趣",了解案例,把握案例的主要内涵,需要在运用案例技术中注意案例的呈现方法(见图10.5)。

(1)案例技术的运用需要反映教育教学事件的具体的背景、情境脉络等。案例的理解需要置于一定的关系中来理解,即具有一定的情境性。因为我们对教育事件的理解是在一定的背景和关系中的,在关系中理解他人,理解自我。脱离具体情境就不能很好地理解。如果是一个完整的课例,则需要教研组长和教师进行事前的和事后的说课。

图 10.5 案例呈现的方式

(2)运用案例技术重要的是展现教研组长和教师在活动展开过程中的"心路历程",如活动设计的理由,在活动开展过程中遭遇的困境和初步的调整方案及调整理由,对活动存在的困惑、忧虑以及对问题的焦虑情绪等等。这些"心路历程"能够很好地表现思考过程和动机,有助于他人更好地解读行为的原因,在"来龙去脉"中把握课例反映的真正内涵,激发集体的思考。

(3)案例技术提供的是"当时情境下的具体的教育场景和事件",重视的是对教育事件的具体描述,可以展现对事件的初步推断和解释,但是不要急于做出具体的结论,以免影响集体讨论。

(4)案例技术的运用可以采用多种手段,增加可感性和清晰度,具体的可以有以下方式:

● 语言表述式

请案例的当事人用语言表述案例或者"重要片段",说明事件的背景、前因后果以及自己的初步感受和体验。可以完整表述案例,也可以根据需要着重描述"重要片断"。

● 图像式

以图像的方式进行描述呈现,包括照片、录像等,这种方式具体形象,有利于把握和感知具体的案例场景,当然照片的呈现需要能表现案例的"重要片段"或者关键环节。

● 文字呈现式

用文字描述案例或者"重要片段"。引导教师用自己的语言"白描式"地记录自己的教育活动中的案例,交代特定的教育情境,表达自己独特的见解和感受,杜绝一些笼统的没有"生命气息"的所谓的概括和理论性的见解。如案例10.1《那肚子比天还要大啊!》在探讨幼儿"自我中心"理论知识时提供的案例鲜活有趣,生动反映了当下情境。

【案例 10.1 那肚子比天还大啊！】

旷旷和妈妈一起看电视《杨门女将》，看到屏幕上有一个女的出来，旷旷歪着头，指着屏幕问妈妈："妈妈，这是谁呀？"妈妈说："这是杨八妹呀！很厉害的一个人啊！"旷旷看着电视屏幕说："哦，妈妈，她的妈妈真厉害啊！一下子就生出八个妹妹，那肚子比天还大啊！"说完伸长双手，在胸前画了一个大大的弧线。最后，又转过头盯着妈妈，说："是吗，妈妈？"

● 实物呈现式

指的是教育过程中的幼儿作品或者教具、材料的直接呈现。幼儿作品是幼儿学习的结果体现，从幼儿的作品可以反思教师的教育行为；教具或者材料是教师教育行为的表现，因此，用材料可以直接反思教师的教育行为。一般来说，在材料的呈现中，可以根据案例的推进过程进行对比式呈现（见图 10.6）等。

图 10.6 用实物呈现方式展现大班科学活动《水上芭蕾》两次材料的不同

【案例 10.1 科学活动《水上芭蕾》的片断描述】[1]

大家好，我跟大家来分享我的一个案例"水上芭蕾"，活动目标就是让幼儿借助这些辅助材料帮助画有芭蕾女孩的泡沫竖立在水面上。

在第一次试教中，为了体现材料的层次性，我准备了三角形、正方形和长方形三种形状的泡沫块，并提供了大泡沫块、面粉团、小沙包、牙签及小铁钉作为辅助材料。在操作中孩子们发现正方形泡沫块最简单，很轻易地就能让它稳稳站立在水面上；而三角形的泡沫块要想让它站稳还是有一定的困难的；难度最大的是长方形泡沫块，几乎没有人成功。其次，在选择辅助材料上，小朋友发现选择大泡沫块做辅助，只要在两块泡沫间插上一根牙签，就能在水面上很稳的站立了，实验成功后就不愿选择其他材料做尝试；还有就是在材料小沙包的提供上，由于小沙包上系的是棉线，孩子们在操作中方法虽

---

① 此材料和案例提供者为方芳。

然正确,但细线很难绕在铁钉上,所以实验很难成功。

活动下来让我们有了思考:第一点,需不需要提供那么多种形状的泡沫块? 第二点,用大泡沫块作为辅助材料是否过于简单? 还有,应该怎样改进小沙包使操作活动进行得更顺利?

在第二次的教学中有了一定的改进。首先,我将芭蕾小女孩全部都规范成 10×15 厘米的长方形的泡沫块。事先做反复尝试后发现,要让这种比例的泡沫块站立在水面上不是那么容易,但也不是特别难,操作后能显现效果。第二,取消了过于简单的大泡沫块为辅助材料,提供了小泡沫块、面粉团、水果块、小沙包为辅助材料,同时对小沙包也做了改进,这次的小沙包上系的是牛筋,方便幼儿将它绕在铁钉上。对材料进行改进后,在孩子们的操作中发现材料的难易程度比较恰当,利用率高了,孩子们探索的兴趣也更浓了,孩子们会高兴地告诉我"老师,我成功了!"

活动结束后,孩子们的兴趣还是非常浓,这时,我将不同形状的泡沫块又重新投入到区域中去,并增添了几种不同的辅助材料,让孩子们在区域活动中进行新的探索,有新的发现。

● 现场展示

以现场展示的活动为案例加以研究,新鲜、有现场感。但需要的时间长,不易把握所要研讨的主题。

当然,以上几种方式并不是单一使用的,有的是以上两种或者两种以上的综合使用,但最终目的就是把案例用简洁的方式呈现所要表达的主题,让每一个人都能明白,都清楚。

10.3.4 案例技术运用的注意点

(1)目的明确,案例与培训主题的匹配。案例的运用是为了更好地引导教研组长参与到活动中来,不仅分析案例、解决案例中的问题,还用自己的案例进行回应。因此案例的运用需要与培训主题相匹配,需要培训者预知培训的相关内容,同时要求培训者和受训者进行事前的准备,真正使案例为培训服务,切忌为案例而案例。

(2)言简意赅,直达主题。案例的呈现需要言简意赅,切忌啰啰唆唆,长篇大论,影响听众的信息收取,因此在呈现案例的时候,呈现者都应该坚持此点,同时在呈现方式选用、表达用语、表达长度等方面做精心的设计,有效明白地呈现。

(3)面向"大众",即每一位教研组长和教师。

(4)关注成功案例,同样"钟情"失败的案例。案例有成功的教育教学智慧,也有失败的经验,因此在案例的选用中,需要两者兼顾。成功的案例可以使教育教学经验最大化，得到强化；失败的案例可以引起注意，避免相应事件的发生。因此两者对受训者来说都是宝贵的财富。

（5）"优先原则"：教师了解的案例优先，典型性的案例优先。教师了解的案例可以弥补因为案例呈现者在表述或者把握的不足造成的理解障碍，因此尽可能地把教师们相对较熟悉的案例或者"重要片段"优先运用到培训活动中来。

参考文献

一、著作部分

[1] 柳夕浪.教师研究的意蕴[M].北京：教育科学出版社,2007.

[2] 赵才欣.有效教研——基础教育教研工作导论[M].上海：上海教育出版社,2008.

[3] 全国学前教育学会主编.现代教育管理,幼儿园的改革与创新[M].上海：华东师范大学出版社,2006.

[4] 冯施钰珩等.学习者、学习与评估[M].香港：香港公开大学出版社,2003.

[5] 马克斯·范梅南.教学机智——教育智慧的意蕴[M].北京：教育科学出版社,2001.

[6] [美]雪伦·B·梅里安.成人学习理论的新进展[M].黄健等译,北京：中国人民大学出版社,2006.

[7] 姜美玲.教师实践性知识研究[M].上海：华东师范大学出版社,2008.

[8] [美]J·莱夫、E·温格.情景学习：合法的边缘性参与[M].王文静译,上海：华东师范大学出版,2004.

[9] 王枬.教师教育：从自为走向自觉[M].南宁：广西师范大学出版社,2009.

[10] 孙继伟.问题管理——简单而有效的管理经典[M].北京：机械工业出版社,2006.

[11] 姜美玲.教师实践性知识研究[M].上海：华东师范大学出版社,2008.

[12] 邓友超.教师实践智慧及其养成[M].北京：教育科学出版社,2007.

[13] 庞维国.自主学习——学与教的原理和策略[M].上海：华东师范大学出版社,2003.

[14] 田慧生.教学环境论[M].南昌：江西教育出版社,1996.

[15] 范国睿.教育生态学[M].北京：人民教育出版社,2000.

[16] 艾德加·莫兰.社会学思考[M].阎素伟译,上海：上海人民出版社,2001.

[17] [英]罗伯特·路易斯·弗德勒.反思第五项修炼[M].赵恒译,北京：中信出版

社，2004.

[18] 赵健.学习共同体——关于学习的社会文化分析[M].上海：华东师范大学出版社，2006.

[19] ［日］佐藤学.课程与教师[M].钟启泉译.北京：教育科学出版社，2003.

[20] 滕守尧.艺术与创生——生态式艺术教育概论[M].西安：陕西师范大学出版社，2002.

[21] ［德］马克思、恩格斯.马克思恩格斯选集（第四卷）[M].北京：人民出版社，1995.

[22] ［日］佐藤学.学习的快乐——走向对话[M].钟启泉译.北京：教育科学出版社，2004.

[23] 叶忠海.大学后继续教育论[M].上海：上海科技教育出版社，1997.

[24] 叶澜.教育研究方法论初探[M].上海：上海教育出版社，1999.

[25] 刘占兰主编.促进幼儿教师专业成长的理论与实践策略[M].北京：教育科学出版社，2006.

[26] 陈桂生.学校教育原理[M].长沙：湖南教育出版社，2000.

[27] 辞海编辑委员会.辞海[M].上海：上海辞书出版社，1980.

[28] 盛群力等.教学设计[M].北京：高等教育出版社，2005.

[29] 郑金洲.案例教学指南[M].上海：华东师范大学出版社，2002.

[30] 刘晶波.学前教育研究方法[M].北京：人民教育出版社，2006.

[31] 庞丽娟.教师与儿童发展[M].北京：北京师范大学出版社，2003.

[32] 陈向明.质的研究方法与社会科学研究[M].北京：教育科学出版社，2000.

[33] 大卫.柯尔伯、唐纳德.沃尔菲.专业教育与职业生涯发展：经验学习理论视野中的适应能力之跨领域研究[R].《终生学习与成人发展项目》结题报告（英文版）.华盛顿：美国凯斯西储大学图书馆馆藏资料，1981.

二、论文部分

[1] 李政涛.什么是"教研组文化"? ——"教研组文化"系列之一[J].上海教育科研，2006，7.

[2] 王雪松.北京市幼儿园教研工作的现状调查及问题探悉[J].教育导刊，2003，1.

[3] 周慰.徐汇区：教研组建设成为校本研修的重点[J].上海教育，2005，23.

[4] 蒋海棠.论英国中小学教研组长的专业标准[J].全球教育展望，2005，1.

[5] 上海市徐汇区"中小学教研组长专业发展研究"项目组.提升教学领导力——中小学教研组长的角色、培养与管理探析[J].上海教育科研，2006，6.

[6] 盂纯初.教研组要突出"四型"[J].中国民族教育，2004，6.

[7] 王海仔.加强教研组建设的调研与思考[J].江西教育,2006,9.

[8] 叶澜.教育创新呼唤"具体个人"意识[J].中国社会科学,2003,1.

[9] 李政涛.以文化产品的创建与管理为核心,创建新型"教研组文化"——"教研组文化"系列之三[J].上海教育科研,2006,9.

[10] 邹鲁峰.对研讨活动中角色的价值分析——由一次田野课程案例研讨活动所引发的思考[J].学前教育研究,2005,11.

[11] 周丽蕊等.校本教研中教研组长的角色定位与重塑策略[J].教育科学论坛,2006,4.

[12] 马连奇.中小学教研组长角色定位及成长培训[J].基础教育参考,2007,2.

[13] 张国胜.试论高师院校学生教育科研能力的培养[J].宁波大学学报(教育科学版),2001,4.

[14] 丁钢.教育与日常实践[J].教育研究,2004,2.

[15] R·C·米什拉.印度教育研究[J].教育展望(中文版),2003,3.

[16] 叶澜.改善发展"生境",提升教师自觉[J].中国教育报,2007年9月5日第3版.

[17] 陈振华.解读教师个人教育知识[J].教育理论和实践,2003,21.

[18] 顾泠沅等.教师专业发展的校本行动研究[J].教育发展研究,2003,6.

[19] 朱家雄.幼儿园园本教研再议[J].教育导刊,2006,6.

[20] 李志厚.西方国家教师学习研究动态及其启示[J].外国教育研究》2005,8.

[21] 姜勇.教师知识管理新趋向:从个人知识到团队知识[J].外国中小学教育,2005,11.

[22] 张海英.知识管理中隐性知识的开发和利用[J].情报科学,2002,6.

[23] 岳亚平.幼儿园知识管理现状调查与分析——以幼儿园团体学习为背景[J].幼儿教育》(教育科学),2009,6.

[24] 施雅芬等.知识管理视野下的高校隐性知识管理[J].中国软科学,2003,8.

[25] 达尔波特·普鲁萨.知识管理的挑战[J].新华文摘,2000,8.

[26] 张东娇.成长取向的教育目的观[J].河南社会科学,2002,2.

[27] 宋建元、陈劲.企业隐性知识的共享方法与组织文化研究[J].技术经济,2005,4.

[28] 何黎明.浅谈教研组长的引导艺术[J].学前教育,2007,11.

[29] 傅金兰.终身学习力:学习型社会一种必要的生存技能[J].成人教育,2008,7.

[30] 袁海燕."冰山理论"对成人学习力的启示[J].高等函授学报(哲学社会科学版),2007,7.

[31] 黄文龙."专业引领"话缺憾[J].中国教师,2004,12.

[32] 王健.促进教师个人知识共享的学校知识管理策略[J].教育理论和实践,2005,16.

[33] 姜美玲.教师实践性知识的研究[D].上海:华东师范大学,2006.

[34] 张涛,王磊生.主位研究:文化心理学研究方法的新取向[J].赣南师范学院学报,2007,1.

[35] 姜伏莲.论教育研究主体与实践主体的合一性[J].集美大学学报,2008,1.

[36] 李炳全.论文化心理学在心理学方法论上的突破[J].自然辩证法通讯,2005,4.

[37] 焦锦森,夏新平.基于知识共享的组织学习有效方式研究[J].河南社会科学,2005,3.

[38] 洪明.西方教育研究的方法论和转向——行动研究探略[J].外国社会科学,1999,1.

[39] 张兆芹,刘树生.教师专业学习：从专业引领到专业合作[J].教师教育研究,2008,3.

[40] 叶澜.思维在断裂处穿行——教育理论与教育实践关系的再寻找[J].中国教育学刊,2006,4.

[41] 朱家雄,张婕.寻求教师与专家之间关系的重构——打造园本教研共同体所需要调整的关系[J].幼儿教育,2005,10.

[42] 华爱华.园本教研与教师发展[J].幼儿教育,2006,10.

[43] 张香兰.过程哲学的视角：教育理论缘何脱离教育实践[J].教育导刊,2006,10.

[44] 何黎明.教研组长培训策略的实践研究[J].学前教育,2008,6.

[45] 吴俊芳.教师专业化：教育者的实践理性回归[J].教育理论与实践,2008,8.

[46] [美]李.S.舒尔曼.理论、实践与教育的专业化[J].王幼真等编译,比较教育研究,1999,3.

[47] 何黎明.让反思"看得见"，"摸得着"——"五边形"思考法促进教师成长的实践研究[J].早期教育,2009,12.

[48] 李兴洲.好理论与当代教育实践———对教育学理论研究的反思[J].教育发展研究,2007,3.

[49] 吴俊芳.教师专业化：教育者的实践理性回归[J].教育理论和实践,2008,3.

[50] 龙宝新.对当前我国教师教育中存在的"钟摆"倾向的反省[J].教师教育研究,2009,1.

[51] 王明平.案例研究 实践反思与教师实践性智慧发展[J].中小学教师培训,2003,10.

[52] 沈民冈."重要教育片断"研究：富有生命力的教师研修[J].上海教育科研,2006,3.

[53] 董旭花.谈谈园本教研主持人的角色定位和素质要求[J].幼儿教育(教育科学版),2009,6.

[54] 王红宇.新的知识观与课程观[J].比较教育研究,2008,7.

[55] 孙孔懿.对"教育的乌托邦"评点[J].江苏教育研究,2004,2.

[56] Criticos C. Experiential Learning and Social Transformation for a Post Apartheid Learning Future [G]//Boud D, et al.Using Experience for Learning. Buckingham ,England and Bristol，Pa：Society for Research into High Education and Open University Press，1993：62.

[57] 谢尔.教师专业发展与学校教研组建设[J].广西教育,2006,17.

三、网络文献

[1] 浙江省教育厅教研室. 浙江省学前教育保教管理指南[EB].http：//www.zjjys.org/jygl/xbjy/20082/868.html.

[2] 何慕彦. 基于学习圈理论的现代管理培训模式[EB].http：//www.mie68.com/read.aspx.

[3] http：//www.hudong.com/wiki/％E6％9D％BF％E4％B9％A6.

[4] http：//zidian.teachercn.com/xun/Word_7889.html.

[5] http：//www.dlteacher.com/blog/user/079/archives/2009/07702.html.

[6] http：//zhidao.baidu.com/question/8567220.html? fr＝qrl.

[7] http：//baike.so.com/doc/6679892.html.

[8] http：//www.doc88.com/p－97781088001.html.

[9] http：//hanyu.iciba.com/wiki/index.php? doc－view－127084.